Ein Dichterleben, gelebt mit Lyrik, gelebt in Lyrik und bedeutsam bezeugt mit dem poetischen Fazit dieser späten Auslese: Albrecht Goes, geboren am 22. März 1908, hat, stark wie er ist als Erzähler, Verse als Daseinsbestimmung erfahren – überlieferte Verse, mit denen er atmet, und zumal eigene Verse, mit denen er sich großen Vorgängern gesellt und in deren Formen, Tönen, Rhythmen, Bildern seine Persönlichkeit eindringlich sich zu erkennen gibt. Seine aus sieben Schaffensjahrzehnten ausgewählten Gedichte hat der Autor nicht simpel chronologisch-autobiographisch aneinandergereiht; er hat sie nach Motivbezügen ähnlich seiner Prosa ›Vierfalt‹ zu einer vierteiligen Komposition gefügt, die Teile mit den Schlußsubstantiven eines geliebten Gedichtes von Clemens Brentano überschrieben: »Stern und Blume / Geist und Kleid / Lieb, Leid / Zeit und Ewigkeit« und mit einer anmutig-weisen Betrachtung eingeleitet: ›Anthologien bei Nacht‹.

Albrecht Goes, geboren im Pfarrhaus von Langenbeutingen. Wie Vater und Vorfahren Pfarrer. Seit 1925 Verbindung mit dem Haus S. Fischer. Neben der Lyrik, den Essays und den Predigten die weit und tief wirkenden Erzählungen ›Unruhige Nacht‹, ›Das Brandopfer‹, ›Das Löffelchen‹. Seit 1954 ist der Dichter ansässig in Stuttgart-Rohr.

Albrecht Goes

Leicht und schwer

SIEBZIG JAHRE IM GEDICHT

Fischer
Taschenbuch
Verlag

Veröffentlicht im Fischer Taschenbuch Verlag GmbH,
Frankfurt am Main, März 1998

Satz: Fotosatz Otto Gutfreund GmbH, Darmstadt
Druck und Bindung: Clausen & Bosse, Leck
ISBN 3-596-14060-9

INHALT

Was reif in diesen Zeilen steht,
was lächelnd winkt und sinnend fleht,
das soll kein Kind betrüben;
die Einfalt hat es ausgesät,
die Schwermut hat hindurch geweht,
die Sehnsucht hats getrieben.
Und ist das Feld einst abgemäht,
die Armut durch die Stoppeln geht,
sucht Ähren, die geblieben;
sucht Lieb, die für sie untergeht,
sucht Lieb, die mit ihr aufersteht,
sucht Lieb, die sie kann lieben.
Und hat sie einsam und verschmäht
die Nacht durch, dankend im Gebet,
die Körner ausgerieben,
liest sie, als früh der Hahn gekräht,
was Lieb erhielt, was Leid verweht,
ans Feldkreuz angeschrieben:
»O, Stern und Blume, Geist und Kleid,
Lieb, Leid und Zeit und Ewigkeit!«

Clemens Brentano

1997 Foto: Oliver Kohler

ANTHOLOGIEN BEI NACHT
Aus einem Notizbuch

Freitag Abend
Ich weiß, was ich will. Ich will mir die vier oder fünf Krankenhaustage, die bevorstehen, erträglicher machen. Ich habe kein Einzelzimmer, mein Leidensgenosse ist ein schweratmender, freundlicher Mann, wir können nur für Augenblicke Licht einschalten.
Nun rufe ich einen alten Arbeitsplan auf; ich will mir eine Anthologie ausdenken – tausend Gedichte oder hundert Gedichte. Daheim habe ich Anthologien genug, ein güldenes ABC: Avenarius, Borchardt, Conrady; ich besitze zu meiner Freude den ›Ewigen Brunnen‹; Ludwig Reiners, ein Nicht-Fachmann, hat tausend Gedichte mit großer Einfallslust thematisch gesammelt und hat mit großer Entschiedenheit darauf beharrt, daß mein Gedicht ›Die Schritte‹ dort am Anfang des Buches steht.
Zwei lebenslang geliebte Dichter habe ich selbst vor Jahr und Tag in einer Auswahl herausgegeben: Mörike vor mehr als 50 Jahren in einer Feldauswahl, Goethe 1947 in einer Nachkriegsausgabe auf holzhaltigem Papier; die Goethe-Wege wurden in meinem Gedächtnis mit aller Liebe durchwandert: Wetzlar, Weimar, ›Divan‹, Dornburg. Und auch heute um Mitternacht hielt ich inne bei der Zeile: »Schlafe, was willst du mehr?«

Samstag Morgen
Gleich im Tagesanbruch leihe ich mir für die Arbeit Fischer-Dieskaus herrliches Gedächtnis, denke an seine Liederabende; Schubert, Schumann, Loewe, Brahms, Wolf und kein Ende. Drehe ich mich in der Schlafstellung um, so diktiert mir der Vielkundige die Poeten, die noch vor der Jahrtausendwende bedacht werden: ich denke Heine, Tersteegen, Fontane, Brecht, Wilhelm Müller, zuletzt noch einmal – im August 1999 – Goethe. Meine Ordner, die ich im Geist vor mir sehe, füllen sich. Die Hauptstraße, von Gryphius über Claudius bis Eichendorff und weiter in unser Jahrhundert hinein, ist festgefügt, einzelne Domänen sind zu bedenken. Im geistlichen Gedicht heißt das: Luther und die Seinen, Paul Gerhardt, die beiden Diamanten des Philipp Nicolai (›Wie schön leuchtet der Morgenstern‹ und ›Wachet auf, ruft uns die Stimme‹), der Angelus Silesius und die Kabbala-Welt des Knorr von Rosenroth, mit den unvergeßlichen Schlußzeilen der Strophen von ›Morgenglanz der Ewigkeit‹: »und vertreib durch deine Macht/ unsre Nacht«.
Ein zweiter Weg tut sich auf: ›Des Knaben Wunderhorn‹. Das ›Innsbruck-Lied‹ und ›Ich fahr dahin‹. Die Ballade muß wenigstens sechs Mal ihren Platz finden: ›Erlkönig‹, ›Bertran de Born‹, ›Die Bürgschaft‹, ›Archibald Douglas‹, ›Die Füße im Feuer‹ und Brechts Laotse-Legende; Meisterstücke sie alle, kein Wort zu viel, kein Wort zu wenig.
Die schöne Spielwelt des Wilhelm Busch und des Christian Morgenstern ist reich. Gebt mir meine Vorratskammern und sieben Wochen Zeit, und ich verspreche euch eine

respektable Sammlung: nicht gleich die ›Symphonie der Tausend‹, aber doch ein stattliches Haus.

Nachmittags
Sieben Wochen reichen gewiß nicht für eine Anthologie der Hundert. Ich sehe ein vornehmes, handgeschriebenes Buch vor mir, Zerkall-Bütten sind nobel; ich weiß, wie ich's will: zwei Gedichte für jeden Erwählten, acht Halb-Zeitgenossen habe ich gefunden, auf die ich nicht verzichten mag: Marianne von Willemer, Benn, Brecht, Werfel, Rilke, George, Hofmannsthal, Trakl.
Meine Auswahl ist nicht mehr die alte ›Menschheitsdämmerung‹, sondern ein kleines Werk, an dem die levità mitgewirkt hat, eine geheime Einfalt; nur schutzloser als alles andere: die Liebe, die mit der Schönheit befreundet ist: »Die bewölkte Finsternis/Müsse deinem Glanz entfliegen,/Die durch Adams Apfelbiß/Uns, die kleine Welt, bestiegen,/Daß wir, Herr, durch deinen Schein/Selig sein.«

Zwei Tage später
»Lies ein Ganzes oder gar nichts«, sagt der strenge Clemens in Hofmannsthals ›Gespräch über Gedichte‹. Und er hat recht mit seinem Verlangen nach dem ungekürzten Text. Aber unser Vers-Gedächtnis ertappt sich in Jahr und Tag dabei, oft nur eben Bruchstücke zu behalten, kostbare Zeilen, überraschende Prägungen, »Einsamer nie als im August«, »Denk es, o Seele«, »Denk, wie ich im Sterben glich/Jungen, jungen Frau'n«, »Ach, kein Sieger trat da auf ihn zu«, »das klopft dir wohl noch nachts an Herz und Fenster«, aber vielleicht auch nur ein solches Einmal-Wort wie »Schlafgesell« oder »Goldwolke«.

Letzter Tag
Hundert Gedichte, gut. Aber wie ist es mit *einem* Gedicht, etwa dem Lieblingsgedicht? Ich denke an den 22. März 1968; das ist nun fast dreißig Jahre her, da wurde ich an meinem sechzigsten Geburtstag im Verlag ernsthaft befragt. Ich hatte auf der Reise nach Frankfurt immer neu einen Engadinbesuch mir vor die Seele gestellt: »O Lebens Mittag! Feierliche Zeit! O Sommergarten!«, aber ich war gewiß, daß ich dieses Gedicht an dieser Stelle nicht nennen würde: der Sechzigjährige begeht keinen Lebensmittag. Aber der festlichen Versammlung jenes Tages wollte ich dann doch Rede und Antwort stehen, den Erntetag feiernd, ich sah das »ausgesät, abgemäht« und in der Mitte dieses graue »Feldkreuz«. Das Reimgemurmelgedicht ist nicht ganz leicht auswendig zu behalten, aber ich blieb doch zum Glück nicht stecken. »Sucht Ähren, die geblieben«, und so sagte ich denn den ›Eingang‹ des Clemens Brentano an diesem Abend für mich und für die Freunde: »Sucht Lieb, die mit ihr aufersteht/, sucht Lieb, die sie kann lieben«.
Was für Zeilen! Aber dann müssen Sie die Quellen angeben. Muß ich? Ein wenig Rätsel darf im Spiel bleiben. Ich sage die Dichter, sage Benn, Mörike, Hofmannsthal, Brecht, Nietzsche, das soll genug sein, dazu ein Wort: Gerhardts ›Passionslied‹ und Goethes ›Harzreise‹.

Unvergeßlich ist mir der Abend-Nachklang. Ein Meister und Mentor jener Jahre, Benno Reifenberg, kam zu später Stunde auf mich zu, schloß mich in die Arme und sagte: »Daß Sie diesen Brentano gewählt haben! Es ist ein unsagbar schönes Gedicht. Nicht einmal bei Goethe gibt es solche Zeilen.« »Ja«, sagte ich, »›unsagbar‹ ist ganz richtig, es ist ein Verbergungsgedicht, es nimmt uns ins Spiel, ins Rätsel, in die Träumerei hinein und ist doch zugleich klug und durchdacht«: »Die Einfalt hat es ausgesät/Die Schwermut hat hindurchgeweht«. Plötzlich schweigt das »Reim-dich«, und die acht Substantive werden im Tuba-Ton geblasen:

»O, Stern und Blume, Geist und Kleid ...«

Mit ihnen könnte eine neue Anthologie versucht werden: meine Anthologie.

Stuttgart-Rohr, im August 1997 A.G.

O Stern und Blume

UNENDLICHKEIT

Wer weiß der Vögel Flug,
Und wer den Weg des Windes?
Wer folgt dem Wolkenzug,
Dem Lächeln eines Kindes,

Dem Licht im Weizenfeld,
Dem Fall der Regentropfen,
Dem Herbstlied aller Welt:
Früchte, die niederklopfen?

Du würdest arm und alt,
Eh daß du könntst durchdringen
Die ewige Gewalt
In den geringen Dingen.

DIE BRUNNENKAPELLE

Gestern wars ein grau Gehäuse,
Kleine große größre Schale,
Aus verborgner Quellentiefe
Unaufhörlich Wasser spendend,
Kühl und strenges Element.

Aber heute, da die Sonne
Wiederkehrte, mittagleuchtend,
Ists der gleiche Brunnen nicht.
Wohl die Schalen: doch inmitten
Grün und goldene Geflechte,
Lichter rings und ringsum Schatten,
Spiegelbilder der befreiten
Seelen, die da musizieren
Eines Tons, in allen Tönen
Jetzt, und jetzt im hohen Chore,
Zugetan dem Wunder Gottes,
Stimme aller Kreatur.

IM ERWACHEN

Eben ists noch, daß ich schlaf und träume
Freien Traum im irdischen Verlies,
Farbges Spiel der Morgenwolkensäume,
Schuppenfisch und Halsschmuck aus Türkis,
Dann, erwachend ach, und schon inmitten
Aller Erdenangst und Menschennot
Wag ich dieses: Gib mir, Herr – zu bitten,
Eine Freude gib mir, lieber Gott!

Nicht daß ich die großen Wünsche meine,
Jene Berge grenzenlosen Blicks,
Da mit Firn und Bussard im Vereine
Leben lacht des widrigsten Geschicks.
Was ich bitte? In die offnen Hände
Einen Becher Wahrheit sonder Trug.
Ja, und wenn ich einen Mondstein fände,
Wär es Freude, Freude schier genug.

Wer, o Herr, wer wüßte je zu fassen
Das Geschmeide deines Wiesentaus,
Und wie soll ich bitten um die blassen
Falterflügel flüchtgen Silberblaus?

Doch von deinen immerwähr'nden Dingen
Gib die drei mir: dunklen Brunnens Klang,
Winde, die durch Hochwaldkronen schwingen,
Und der Menschenstimme Lobgesang.

Ungenügsam immer – und ich bitte
Um den Gruß der Kinder auf dem Weg,
Um der Freunde Schritt zu meinem Schritte,
Um der stillsten Stille Herzgeheg.
Nur, daß ich für ewig nicht vergesse
Nicht das Wagnis, nimmer die Gefahr.
Und mein Teil und Leben ist der Esse
Feueratem nun und immerdar.

Sonne steigt, des Tags gestrenger Wächter,
Und des Mittags dumpfe Glut ist groß.
Mach, o Herr, den Schultern traggerechter
Manneslast zugleich und Menschenlos.
Laß, den Abend innig zu erfüllen,
Den mich treffen, den Tobias traf,
Und zuletzt, mich kindlich einzuhüllen,
Gib den Schlaf mir, lieber Gott, den Schlaf.

ERWACHEN WIEDER

Erwachen wieder
Und so angstvoll früh
Als wärs schon bald zu spät –
Wofür zu spät? Frag nicht, wofür zu spät.
Zu spät, um ganz die Notenschrift zu lernen,
Darin die ersten Amsellieder stehn,
Der Lobgesang, der Lockruf aller Liebe,
Die Stimme Warnung an die junge Brut:
Raub Tod Geschrei Gewalt ist in der Welt.
Ich weiß. Du weißt. Wir alle hier –
Und dennoch:
Den Morgen dieser Erd', und wärs der letzte,
Wag ich zu rühmen in der Amsel Lied.

DORFNACHT

Stille, irdene Stille,
Brunnen bitter erfror,
Fenster sein blankes Geleuchte,
Schlaf seine Träume verlor.

Liebende ohne Lüste,
Kreißende ohne Wehn,
Tod selbst, der eilige Schnitter,
Wartet im Weitermähn.

Schlüge die Uhr doch vom Turme,
Käme vom Wald doch ein Wind,
Daß wir noch fühlen, daß wir
Irgendwo sind –

NACH SCHWEREM WINTER

Ob dir gleich in winterwährend
Dunkler Welt den Sinn versehrt
Schwermut, die der süßen Hoffnung
Flügelschlag und Flug verwehrt,

Ob der Hall vom Schrei der Krähen
Dir im Ohr noch, lang und bang,
Und aus Nächten, vieldurchwachten,
Klagender, des Windes Klang –

Ach das Herz, es mild zu trösten,
Ist das Kleine groß genug:
Eine gelbe Krokusblüte,
Einer Wolke Frühlingszug.

ENDLICH EIN STURM

Endlich ein Sturm.
Nicht ertrug ich länger den milden
Föhnkranken März.

Atem stockte und Mut
Und wie ein gärender Südwein
Stieg die Betäubung, die Angst.

Nun aber Sturm. Und es blüht
Offenen Himmels Gezelt
Weiß als im wachenden Tag –
Golden zur Nacht.

In den Bäumen der Wind,
All in den Kronen Musik,
All in den Zweigen.

Und ich
Werfe das eigene Herz,
Winterlasttragendes Herz,
Falkner, den Falken empor –

Wie, und wie kehrst du zurück?

DIE ZUVERSICHT

Freilich, das Feld ist zerstampft. Des grimmigen Hagels
  Gekörne
Schlug vor der Ernte den Halm, gab der Verwesung
  die Frucht.
Gift auch legte der Feind, der Feind im eigenen Lande.
Fiebernd taumelt ein Schwarm wilder Insekten im Sumpf.
Aber am östlichen Hang, wo eh das Feuer gewütet,
Prangt wie vor Jahren und neu weißen Holunders
  Geleucht.
Blieb ein einziger Keim. Doch bei dem einzigen Keime
Erd und nährendes Salz, Himmels erquickende Flut
Zuversicht heischend. Und also, mit nicht geringerem
  Worte,
Ruft über Stunde und Tag dich der lebendige Geist.

SOMMERS RÜSTE

Roter Stern bedeutet Sommers Rüste,
Rote Astern glühn und glühen spät –
Irgendwer frohlockt und schließt die Scheune:
»Heute ist die letzte Mahd gemäht«.

Flammenblumen funkeln in Verzückung,
Fürchten sich vor Dämmer, Dunkel, Nacht –
Und ich phantasiere von den Zeiten,
Wo mich liebe Hand zu Bett gebracht.

Roter Stern ist jäh im See versunken,
Astern, Dörfer, Gärten schlafen ein,
Aber meine Mutter in dem Himmel
Geht mit mir in meinen Schlaf hinein.

SPÄTSOMMERLICH

Ob wir wohl im Märchen sind?
Hier ists wie zum Träumen,
Rote Bälle für mein Kind
Wachsen auf den Bäumen.

Unter dem Holunderkraut
Stehn die dunklen Dolden,
Nah daran mit leisem Laut
Streifen Engel golden.

Astern wolln zu tausend blühn,
Kinder gehn und grüßen:
»Hier ist grün und da ist grün
Unter meinen Füßen.«

ALTWEIBERSOMMER

Die Weiber packen ihre Sommersachen
Noch einmal aus.
Auf der Bank vor dem Haus
Und am Rand der Allee
Sieht man sie sitzen und stricken und lachen.
Nun tut die Sonne nimmer weh.
Eine sagt vor sich hin: ich seh
Silberne Fäden inmitten des Blaus –

– Während die Buben die Schnur an dem Drachen
Immer länger und länger machen.

NAHER HERBST

Horch, der sanfte Regen segnet
Sommerliche Landschaft ein,
Morgen wird die Sonne milder
Und der Herbst gekommen sein.

Astern halten ihre dunklen
Augen an das leise Licht,
Durch den Vorhang der Verklärung
Schaut des Lebens Angesicht.

Jenes Lebens, das der Erde
Farbe, Glut und Frucht verleiht;
Aber seinen Schmerzenskindern
Seine liebste Liebe weiht.

BANGNIS

Noch eben waren die Birnen schwer,
Jetzt sieht man kaum mehr den Baum –
Das Dunkel kommt so plötzlich her
Und raubt sich den täglichen Raum,
Und macht die Ebene wach und weit,
Und macht die Wälder bang,
Und wer noch wandert um diese Zeit,
Dem werden die Straßen lang –

Und die auf den dunklen Treppen gehn,
Machen sich furchtsam Licht,
Und wer allein ist, dem kann es geschehn,
Daß er laut mit sich selber spricht –
Und Kinder fangen an zu schreien
Und rufen zur Mutter hin.
Das Dunkel aber spricht allein
Zu allen sein: Ich bin.

LANDSCHAFT DER SEELE

Kein Himmel. Nur Gewölk ringsum
Schwarzblau und wetterschwer.
Gefahr und Angst. Sag: Angst – wovor?
Gefahr: und sprich – woher?
Rissig der Weg. Das ganze Feld
Ein golden-goldner Brand.
Mein Herz, die Hungerkrähe, fährt
Kreischend über das Land.

SPÄT IM JAHR

Habt Vorrat ihr genug, ihr meine Augen,
Für einen Winter, lang und weiß und grau?
Nehmt noch dies Asternrot, dies weiche Lila,
Dies späte Gelb, dies herbstlich klare Blau

Und nehmt den Silberglanz der großen Flüge
Des Habichts und des Eichelhähers wahr,
Und auch den Birnbaum nehmt, ein goldnes Gleichnis
Des Überschwangs vom segensreichen Jahr.

Und endlich nehmt das Lächeln und die reine
Strahlung des schönen Menschenangesichts,
Und alle Nacht wird herrlich euch erhellt sein
Vom farbgen Widerschein geliebten Lichts.

CHRYSANTHEMUM

Auf einmal (niemand wagte mehr zu warten)
Sind schon die weißen Chrysanthemen da,
Und war ein kleines spätes Fest im Garten,
Wo überall sie wer erstrahlen sah.

Sie gleichen abends sehr den schmalen Lichtern,
Die allerseelentags im Friedhof stehn,
Und vieles macht uns denken zu den Dichtern,
Die früh vollenden, eh sie von uns gehn.

DER GOLDNE BAUM

Haben wirs recht wohl erdacht
Für die hohe heilge Nacht,
Abendlang und rein entzückt,
Heiter endlich aufgeschmückt
Weißen Tann und rotes Licht,
Stern und Engelsangesicht,
Silberlust im dunklen Grün,
Selges Blühn und Überblühn –
Weh, schon blinkt durchs Fensterglas
Tag Sankt Epiphanias,
Und das Jahr mit Recht und Fug
Spricht: genug.

Nur noch einmal, komm, entzünde
Aller Kerzen Ernst und Spiel,
Mit dem Bunten dich verbünde
Wie dirs eh und je gefiel:
Sieh, der Engel kehrt sich leise
Dem Trompetenbläser zu,
Horch, der Violinen Weise,
Und der Dirigent bist du.
Lischt die Kerze. Im Ermatten
Geistert Schattenspiel im Raum –
Traumesbilder, Abschiedsschatten,
Dir zum Abschied, goldner Baum!

Ach nun kommt ein langes Jahr,
Eismond, Frost und Februar,
Weidenrute, Osterschmaus,
Birke, Mai und Immenbraus,
Junibeere, Juliglut,
Erntefeld und Traubenblut,
Spätoktober, Nebelschritt –

Glanz vom goldnen Baum, geh mit!

EINE HAND NUR –

Deine Hand – wer hat ihr diese
Sonderliche Kraft verliehn,
Daß, als wie im Paradiese,
Reh und Marder traulich nahen,
Kranich auch, der graue Vogel,
Und das scheue Hermelin.

Deine Hand – wie kanns geschehen,
Ob auch weit der Heimweg sei,
Unverwelkt könnt ihr sie sehen,
Die von dieser Hand gepflückte
Und in dieser Hand getragne
Sommerhelle Akelei.

Solcher Segenshand vertraust du
Kühnlich auf den ersten Blick.
Eine Hand nur freilich schaust du,
Und doch dünkt dich ganz geborgen
Klein und großes Ding – und auch das
Eigne menschliche Geschick.

DAS KINDERANTLITZ

Ob der Mund, der also schweigt,
Einst zum Lobgesang sich öffnet,
Einst zu Rate und zu Trost?

Ob die faltenlose Stirne
Strenges Maßwerk der Gedanken
Oder mildes Spiel erlost?

Ob dieses Kinderaugenpaar
Morgen schon den kühlen Schmerz kennt,
Morgen schon den argen Trug,

Oder wird es noch im Abschied
All die bunte Welt bestaunen,
Blumen, Früchte – nie genug?

Zukunft bleibt im Ungewissen,
Berg und Schlucht, sie sind verhangen,
Schuld und Tat sind weit.

Aber dünkt uns nicht schon dieses,
Was die Ahnung hier bereitet,
Unermeßlichkeit?

VERSE FÜR EIN KIND

Da mich der Tod entließ aus seinen Händen,
Die wie die Hände eines Fremden sind,
Kehrt ich ins Eigne heim und fand das Leben,
Dich fand ich, Liebes du, des Lebens Kind.

Noch fühl ich rings verstörende Gewalten,
Des alten Hasses Hall und Widerhall.
Du aber lächelst, Kind, und dieses Lächeln
Ist wie der Liebe Lied und Sternenfall.

Und Schuld und Angst, der Seele bang Geschwister,
Die schattenmächtigen, verscheuchest du,
Und wirfst aus tausend Blicken des Vertrauens
Die milden Lose mir der Freude zu.

DEN MÜTTERN

Vieles Böse geschieht.
Aber dieses, daß Kinder
Immer von neuem die Augen aufschlagen zum Leben,
Eben umhüllt noch vom Urtraum im Leibe der Mutter,
Und schon umfangen vom Auge der Sorge und Liebe.
Weinend zuerst,
Doch dem Weinen gesellt sich ein Lächeln,
Staunen sodann und Ergreifen und endlich ein Rufen –
Vieles Böse geschieht,
Aber dieses, ihr Mütter,
Dieses ist gut.

DAS GITTERBETT

Im Anfang kaum bedacht,
Jahrlang vergessen dann,
Wie wunderliche Fracht
Geht wunderlich mich an:
Verschnürt, gußeisern, kalt,
Wer dächte je, es hätt
Solch jähe Herzgewalt
Dies Kindergitterbett?

Besehts bei klarem Tag,
Dies Bett, das meines war,
Drin ich warmatmend lag,
Ehdem vor Jahr und Jahr.
Es wird instandgebracht,
Wird seidenblau bespannt,
Dann rückt es Eltern-Acht
An die geschützte Wand,

Und dann, wenns Abend wird,
Komm, tritt zum Bettlein hin,
Das weiße Gitter klirrt,
Ein Kind, mein Kind liegt drin:
Liegt augenoffen blank,
Die Augen fallen zu,
Nachtkuß und Gottesdank,
Und gute, gute Ruh.

Lag ich nicht eben dort,
Wo du jetzt liegst, mein Kind?
Was ist, daß beide, Ort
Und Zeit, verwandelt sind?
Wie geht mir um und um
In Herz und Ohr genau
Das Gute-Nacht-Gesumm
Der lieben Kinderfrau?

Nun bin ich selbst es schon,
Der einem Kinde singt,
O wie der Einschlafton
Nach lauter Kindheit klingt!
Wie ist mir unbeschwert
Fröhlich zumut,
Wie wieder heimgekehrt,
Wie gut.

DAS PUPPENHAUS

Aber ja, nun ist es richtig,
Seht ihr wohl, und noch zu Christtag
Ist es wirklich und wahrhaftig
Aufgerichtet bis zum Giebel,
Das großmächtiglich ersehnte
Puppenhaus für meine Fräulein.

Wie beschreibe ichs beileibe?
Rote Ziegel auf den Dächern,
Fensterblick in schönste Landschaft,
Stattlich allseits und geräumig,
Platz für Kind und Kindeskinder,
Auch möbliert im kühnsten Stile.

Zwar die Treppen sind vergessen,
Und vergessen ist der Fahrstuhl,
Und so bleibt in diesem Hause
Ohne ewges Durcheinander
Jedes hübsch auf seinem Stockwerk.

Hier nun freilich ist des Kommens,
Des Visitelns und Betitelns,
Der Empfänge und der Bälle,
Der Konzerte auch kein Ende.
Immer neu Willkomm und Abschied,

Trennungsschmerz und Heimwehtränen,
Wiedersehen drauf am Abend...
Händedrücke, Händeküsse,
Knix und artige Verbeugung
Aller dieser Herrn und Damen.

Nur der braune Bär im Ställchen
Weiß nicht recht sich dreinzufinden,
Gar zu dick sind seine Pfoten –
Und er blinzelt beinah schüchtern
Nach dem vielgerühmten weißen
Elefanten auf dem Wandschrank.

Dort hinaus gehts zum Balkone,
Wo die Schaukel aufgestellt ist
Offen unterm offnen Himmel.

Ach, wers dürfte, wers vermöchte:
Puppengleich sich einzuspinnen,
Fädchen sacht zu Fädchen fügend,
Und am Ende dann des Winters
Vom Gestänge dieser Schaukel
Neugeboren, gelbgewandet,
Als ein Falter aufzufliegen –
Aber solches ist ein Traum nur.

Bleiben wir denn gut und redlich
Mit den Füßen auf dem Boden!
Horch! Und ruft da nicht das Glöckchen
Lieb- und löblich uns zur Labung?
Einen Fingerhut voll Mokka
Mit dem I-Punkt süßer Sahne
Läßt sich keiner leicht entgehen.
Feuereifrig sind sie alle,
Kleine Herrn und große Damen,
Bei dem zierlichen Gelöffel.
Selbst Freund Petzens Glasguckaugen
Blicken schwarz und höchst genäschig.
Und ihr selber, meine Fräulein,
Sagt, und habt ihr auch für euren
Vater noch ein schwarzes Schlückchen?

DAS KINDERKLEID

Wenn ich dein Kinderbild beschau,
Das Schürzenkleid, vom Sonnenblau
So weiß, so rot beschienen
Stürmt mir vom Land Eswareinmal
Ein Tausendschwarm von Bienen.

Ich will heut ihren Honig nicht,
Und nicht ihr Wachs zum Abendlicht,
Ich will, sie sollen summen –
Und ja nicht, eh es dunkel wird,
Verfliegen und verstummen.

So blond wie deines war mein Haar,
Ich trug, als ich ein Kindlein war
Wie du auf deiner Decke,
Ein Kleid wie du, so weiß, so rot,
Trug's bis zur Gartenhecke.

Und wenn ein Engel mir verleiht
Noch einmal eine Kinderzeit,
So mag sich alles ändern –
Komm du nur wieder, weißes Kleid
Mit deinen roten Rändern.

DIE SCHRITTE

Klein ist, mein Kind, dein erster Schritt,
Klein wird dein letzter sein.
Den ersten gehn Vater und Mutter mit,
Den letzten gehst du allein.

Seis um ein Jahr, dann gehst du, Kind,
Viel Schritte unbewacht,
Wer weiß, was das dann für Schritte sind
Im Licht und in der Nacht?

Geh kühnen Schritt, tu tapfren Tritt,
Groß ist die Welt und dein.
Wir werden, mein Kind, nach dem letzten Schritt
Wieder beisammen sein.

STERNTALER

Das alte Märchen – ists noch immer wahr?
Vom Kind im Wald, dem Bittende begegnen –
Am Ende steht es aller Hüllen bar:
Da sinds die Sterne selbst, die selig segnen.

Wahr ists: man nimmt dir, nimmt dir Zeit wie Brot,
Den Wein der Freude und das Kleid der Feier,
Den Mantel Stille und den Gurt der Not,
Die leichten Träume noch, die letzten Schleier.

Getreu jedoch Gestirn zu Häupten zieht,
Und Zuflucht ist und Schutz in guter Nähe –
Wie meinst du denn, da solches dir geschieht,
Daß Fremdes dir, daß Böses dir geschähe?

Kein Leben lebt, es opfre denn sein Licht,
Und keines je mag die Verschwendung missen;
Verweigert Brot speist auch dich selber nicht,
Gespartes Kleid ist morgen schon zerrissen.

Wahr ists: der Weg, auf dem du fürder gehst,
Es ist der dunkelste von allen Wegen –
Doch ob du auch am Ende nackend stehst,
Geh, gib, gib hin – und glaub dem goldnen Regen.

BRATAPFEL

Die drei schönsten von der Hürde
Nimm, so hebt das Braten an,
Apfelbraten – nach der Würde:
Kaiser, König, Edelmann.

Steck die gelben in die Röhre,
Gib dem Ofen den zur Hut –
Wenn ich Windessausen höre,
Schmeckt November noch so gut.

Jetzt gewartet. Unterdessen
Magst du in die Wolken sehn;
Freilich sollst du nicht vergessen,
Ein- und zweimal umzudrehn.

Bräunt das Goldne, schmilzt das Weiße?
Und was funkelt rot mich an?
Welcher ists, der Kaiser heiße,
König wer und Edelmann?

Nur ein Weilchen noch, ihr lieben
Fleißigen ... da habt ihr scheints
Beide Tafeln schön beschrieben,
Zweimalzwei und Einmaleins.

Hier am Westchen hundert Maschen
Ernsthaft rechts und links gestrickt.
Wohl ... doch jetzt beiseit die Taschen,
Her zum Ofen, hingeblickt!

Seht ihrs nicht mit Mund und Händen?
Duftets nicht in Aug und Ohr?
Wie, daß wir den Zauber fänden
Heimlich hier im Zauberrohr?

Wie, daß man im Zubereiten
Eine Winterabendwelt,
Alle Tag- und Jahreszeiten
Unversehns in Händen hält!

Heißer Saft will niederträufeln,
Und wer soll nun Kaiser sein?
Auch noch Zucker willst du häufeln?
Nimm den Apfel, er ist dein!

GLEICH HINTER WEIHNACHTEN

Endlich, die Töchterlein schlafen,
Die Älteste redet im Traum,
Da entzünde ich – keiner sieht es –
Noch einmal die Kerzen am Baum.
Ist wieder Heiliger Abend
Und ganz für mich allein,
Und es scheint der Silvestervollmond
Durch die Eisblumenfenster herein.

Aufleuchten alle: der Engel,
Und der Stern im dunkelen Gold,
Ringsum die gläsernen Kugeln,
(so habens die Töchter gewollt) –
Apfel aber bei Apfel
Vor lauter Leben prahlt,
Und sieh, den Tannenzapfen
Hat silbern die Jüngste bemalt.

Ein Zweig – und der soll knistern,
Ein Zweig, und wärs der kleinst,
Schon duftet das ganze Zimmer
Nach nichts als nur nach Einst.
Wenn jetzt die Kinder herschauten,
– regt sichs nicht nebenan? –
Was würden sie denken und sagen
Von mir, dem nachteinsamen Mann?

Bin beides und beides in einem:
So Vater und so Kind.
Vergessen sind die Jahre,
Die eh vergangen sind.
Herein denn, du Brummbär auf Rädern,
Und oben setz mich drauf –
Liebe Mutter, und tu mir noch einmal
Die erste Türe auf!

DER SCHULWEG

Nächtens ist ein Schnee gefallen,
Mehr ein Flaum als gleich ein Fuder,
Und er liegt – nur eben leichthin
Unsren breiten Dorfweg deckend –
Unversehrt noch zu der Stunde,
Da sich Weiß und Nachtblau mischen
Mit dem kargen Licht der Frühe
Morgens um dreiviertel acht Uhr –:

Sieh, da treten aus den Häusern
Rechts und links, hüben und drüben,
Buben, Mädchen, kleine, große,
Blonde, dunkle, jeden Alters:
Da trägt wer behäbig seinen
Sturmerprobten Lederranzen,
Prall gefüllt mit bunter Weisheit;
Während dort die schwarze Gretel
Tausendeilig ihres Wegs huscht,
Huscht wahrhaftig in Pantoffeln.
Neben ihr der kleine kecke
Bruder Wolfgang, Abc-Schütz,
Und er hüpft und hat es wichtig.

Beide stoßen sie am Backhaus
Auf den ältesten und ersten
Schüler von der achten Klasse
Namens Martin. Seht ihn laufen
Großen Schritts – gleich wird es schlagen –,
Aber dennoch voller Würde,
Stolz und seiner Sache sicher,
Recht von Herzen unbekümmert
Um die flinken grünen Schnäbel,
Die sich rings um ihn her regen.

Und nun, da der Schulberg anhebt,
Kommen sie uns aus den Augen,
Schmächtige und wadenfeste
Wanderer zu Lob und Tadel.
Ja, jetzt sind sie ganz verschwunden,
Alle, bis auf einen Spätling,
Der noch heiß den Berg hinankeucht:
Und es weht sein Bubenmantel,
Seine Mütze weht desgleichen,
Das geschnürte Weisheitsbündel
Ist in stürmischer Bewegung –
Halt! Er hat den Berg erklommen
Eben mit dem achten Schlage.

Sieghaft schöpft er neuen Atem.
Sieg auch winkt der Tafelwischer
Und Triumph das Lineal.

TAGZEIT DES LEBENS

Die Kinder sind der Morgenschein,
Die Frau'n der frühe Tag,
Es fahren stolz die Herren ein
Zum Vieruhrglockenschlag.

Uns aber, die nicht Kinder sind,
Und Mann und Frau noch nicht –
Uns liebt der blaue Schlafewind
Und uns das letzte Licht.

ERINNERUNG 1918

Plötzlich sah ich ihn. Er trug den grünen
Bleyle-Sweater mit den Achselknöpfen,
Und es war ein Nachmittag im Juni,
Gleich nach Schulschluß, draußen auf dem Grundstück.
Zwar Herr Wenzlau hatte ihn getadelt,
Weil das Algebrabuch nun schon wieder
Ungestüme Übungsstriche aufwies,
Doch die Eins im Rechenheft war standhaft.
Onkel, Tante gossen, wie es not tat,
Und er goß auf seinem eignen Beet auch
Ungeschickt und eifrig. In der Laube
Saß, schon zur Lektion bereit, die Ahne.

Plötzlich hört' ich wieder ihre Stimme:
»Mon enfant« und »Lisez cette phrase«,
»C'est bien« und »Encore une fois« dann,
Endlich das ersehnte »Je suis contente«.
Später kamen Kochgeschirr und Suppe,
Und der Onkel teilte einen Apfel
In vier Teile, mathematisch prächtig
Uns zum Nachtisch.
                              Und ein dunkler Falter
Flog herein und setzte sich am Tischrand,
Einen Herzschlag lang und flog dann weiter.

»Geh'n wir bald?« fragt der im grünen Sweater,
Und steht auf, sein Beet noch zu besuchen,
Dieses kleine Beet im großen Sommer:
Möhrenkraut und Mohn und weiße Lilien.
Aber dann, wie schon die Großen kommen,
Ist der Falter plötzlich wieder sichtbar,
Und es ruft ihn der am Beet bei Namen.
»Trauermantel« ruft er. Und dann gehn sie.

FÜR BRIGITTE

Liebes Kind, es ist die Welt
Zwar ein Haus mit vielen Türen,
Aber also ists bestellt:
Bis zur Tür kann ich dich führen,
Klopfen mußt du dann und klinken
An der Türe ganz allein,
Ob dir Glück, ob Schmerzen winken,
Glück und Schmerzen werden dein.
Komm und geh und tritt herfür,
Segnen werden dich die beiden –
Glaub mir: an der letzten Tür
Sind sie nicht zu unterscheiden.

IM WEITERGEHEN

Die Seligkeit ist immer Seligkeit,
Und unbedürftig ganz der Erdenräume,
Jedwedem Wunsch entnommen: Seligkeit.
Doch mags geschehn, daß einer, der sich hier
Der Spielwelt freut, im Weitergehen fragt:
Ob wohl die Rosen, die Cézanne gemalt,
Uns dort neu im Vollendungsglanz empfangen?
Ob unter jenem andren Himmel auch
Die Möwen zilfen – als im Sylter Licht?

Geist und Kleid

MÜHSAMER WEG

Vieles, ich weiß, geht voraus:
Dieser furchtsame Anlauf,
Dieses Sechsschrittweit hinein
In den Mischwald Verwirrung.

Und die lähmende Einsicht,
Daß schon alles gesagt ist,
Unwiederholbar gesagt:
Mozart, Neruda, Vermeer.

Ach, der Rückstoß der Trauer,
Und die Ängste des Spätlings,
Schlaflos Beginn um Beginn.

Viel geht voraus – und vergeht.
Doch der Erschrockne schöpft Atem,
Wagt den Weg in der Frühe,
Eine eilige Heimkehr
Zu vertrautem Gerät;
Tisch, Instrument, Staffelei.

Wagt und probt und gewinnt:
Endlich die Braue am Aug',
Endlich die leichte Triole,
Endlich das wirkliche Wort.

IM MAULBRONNER KREUZGANG

Hier, wo der Boden schon müd ist vom mönchischen
Schreiten,
Stehen wir Brüder aus vielverspäteten Zeiten.

Hier, wo die Blumen das Blühen und Welken nicht scheuen,
Hören wir lautlos sich Stunden und Jahre erneuen.

Hören die fallenden Wasser den Brunnen umrauschen,
Gestern, heute und morgen – und lächeln und lauschen.

LEICHT UND SCHWER

Wer hieß dich mit Worten tanzen?
Wer erlaubt' dir die Vokabel,
Die vom Großen spricht, als wär es
Fast ein Vorschlag nur, ein Anklang,
Gleich dem Spiel auf Kreidestrichen,
Das die kleinen Mädchen üben,
In der Frühlingssonne hüpfend,
Himmel, Hölle – und nicht mehr?

»Weil ich schwer bin,
Weil es schwer ist,
Fürchte ich den Zorn der Schwere,
Ihrer Rache Schwergewicht.
Und ich höre dem, der Rat gibt,
Gleichnisrede liebend Rat gibt,
Höre seiner Rede zu:
Großes Wort ist fremder Schneepfad –
Diesen Schritt noch, und beim nächsten
Sinkst du ein, und kein Zurück mehr –
Denk's – und: wenn du liebst, sei leicht!
Sing, spricht der, den ich nicht schelte,
Spiel', verbirg, verkleid', verklein're
Und vertrau': noch durch den Vorhang
– wärs der Abendposse Vorhang –
Wird das Große, das Geheimnis,
Wird die Wahrheit offenbar.«

MUSIK

Zuerst nur dies: als Intervall die Sext,
Paminas Aufgesang: »Tamino mein!«
Es wird der Inbegriff geliebten Lebens,
Es wird – »Bald prangt« – der Schöpfungsmorgen sein.

Im Nachterwachen dann: so Langgeliebtes
Vernehm ich neu, von dunklem Wind umweht:
›Nocturne in Es-Dur‹, die ›Appassionata‹,
›Die Kunst der Fuge‹, ›Vogel als Prophet‹.

Wenn Schrift erlischt und selbst die Bilder schwinden
In unsrem düsteren Gewaltenkrieg –
Du wirst bis ganz zuletzt dich zu mir halten,
Du Unverlierbar-Eine mir, Musik.

B-A-C-H

Ist ein Oktobertag im offnen Land
Mit frischem Rostbraun und verhangnem Golde,
Gepflügt der Acker, Atem der Erquickung –
O große Erde vor dem größren Himmel!

Und anders noch: ein Mann ist, reif im Jahr,
Bestellt zum Weg der Sorge und der Liebe
Durchs Totenhaus der Welt, und ach! durch alles
Geflecht des Lebens, arg und unentwirrt.

Er aber wagt sein Herz dem Gott entgegen,
Dem Gang der Sonnen und dem Stand der Sterne:
Aufblüht Gesetz. Er schaut. Er horcht. Er schweigt.
Er schreibt. Und unterschreibt: b-a-c-h.

So ist uns dieses, Freunde, anvertraut
Wie Tag und Leben ringsumher. Und wie
Ein heilig Lied, als von dem Grund der Welten,
Jubel und Wahrheit, Mahnung ganz und Trost.

SERENADE

Es war schon Nacht an aller Türme Rand
Und Raum war nur von hier bis zur Arkade,
Raum für die Welt und für die Serenade,
Raum, den jetzt *eine* Geige überwand.

Die eine Geige – denn die andern drei
Vermochten nur der einen so zu dienen,
Daß alle fühlten: oben über ihnen
Beginnen erst Welt, Wind und Melodei.

Sie stieg und kehrte um. Und es geschah,
Daß keiner mehr sie an der Stimme kannte –
So anders war jetzt alles.
                                        Und man sah,
Wie einer jäh sich an den Nachbar wandte:
Bist du noch neben mir? Bin ich noch da?

MOZART, FIGAROS HOCHZEIT

Wir möchten es so gerne Wunder nennen,
Das Unbegreifliche, was er uns tut:
Er legt die Hände in die große Glut,
Ganz ungeschützt, doch ohne zu verbrennen –

Er rührt die Liebe. Und die wir erleiden,
Die lockt den Meister in den Lobgesang.
Wir sind im Ernst. Und ihn beglückt der Drang,
Die Liebenden als Spieler zu verkleiden,

Als wäre Liebe nur im Opernhaus,
Und wäre das, was aus den braunen Geigen
Als Schelm- und Engellachen zu uns dringt:

Wir ziehn zur Liebe wie zum Kriege aus –
Ihm ist genug, den Himmel heiter zeigen.
Wir sinnen, sagen, klagen.
                    Und er singt.

MUSIK AUS DEM ÄTHER

Köchel 515,
Mozart, Quintett in C-Dur.
Schloß Ludwigsburg sendet – bei Kerzen –
Die Leuchter sind weißporzellanen,
Zärtliche Manufaktur.

Nein, nichts von Lichtern und Leuchtern
Einer zärtlich geselligen Welt –
Nur diese Nacht – und die Botschaft,
Die einen fast schon Verlornen
Am Leben hält.

RUDOLF SERKIN

Die Hände ruhn. Denk' diese regen Hände,
Denk' achtzig Jahre vor der Tastatur,
Gewaltig jetzt und jetzt wie Hauch von fernher.
Gehorsam stets in reiner Richtigkeit:
Beethoven, Bach und Mozart. Serkin nie.
Und immer: Serkin. Dieser kleine Summton.
Sag »Cherub« jetzt und »großgeliebtes Kind«.

O dieses Nimmermehr. Und niemals nimmer.
Nichts ist verloren. Und ein Wind der Liebe
Trägt diesen Ton mir her. Kein Ozean
Trennt mich von Marlboro, von jener Scheune:
Das schwarze Instrument. Die Hörerbank.
Die Stimme: »still!« Und dies nur: Rudi spielt.

RAINER MARIA RILKE

Wir nennen Namen jüngstverstorbner Dichter
Wie bei der Heiligsprechung: langsam leis...
Und was ein jeder noch an Versen weiß,
Das stellt er in den Kreis.

Und einer spricht ein Stück aus tiefen Briefen
Die Frau singt Lieder, die man ihm vertont,
Man denkt an Berge, die er einst bewohnt,
An Mädchen, die er nicht verschont.

Weiß wohl der Dichter in des Todes Blässe
Das Requiem, das ihm die Runde bringt,
Ob über Meer die Messe in ihm klingt,
Ob wohl das Responsorium
Der dunkle Baum ihm singt?

EINEM, DER DAVONGING, NACHGERUFEN

Hier, hier ist Mozart. Hier Zerlinens C-Dur
Und Cherubinos Lied, das Lied der Liebe,
Hier das Quintett der Trauer ohnegleichen:
Trostlosigkeit als wie Essenz des Trostes.
Pamina freilich dachte, wie du dachtest,
Und die Oboen leihen dem Verhängnis
Ein Übermaß der Süße: *So wird Ruh*
im Tode sein –
                    Kam denn zu dir
Von den drei Knaben keiner, der dich aufhielt?

Du Ungeduld'ger, hier ist Mozart, hier.
Ob sie in jenem anderen Bereich
– wie manche sagen: in vollkommnem Klang –
Dergleichen spielen, ob sie dort noch gelten:
Ferrandos Glut, die Prager Sinfonie –
Das steht dahin.
                    Hier denn, hier war dein Platz.
Hier wars, daß einer, dieser Eine nur,
Bei angelehnter Tür, in Abschiedskraft,
Das Leben wußte – dennoch – hoch zu rühmen,
Zu bleiben einlud, einem Boten gleichend –

Wie, daß du aufstandst und zur Tür hinausgingst?

DIE BLINDEN

Wie sag ich Weihnacht in die blinden Augen,
Ein Seh'nder ich, das Wort dem, der nicht sieht?
Sag ich vom blinden Sänger?
                    Wie er kam –
Achtsam geleitet kam er zur Estrade,
Fand Platz und Nachbarn, grüßte leise, schwieg,
Ein Turm der Stille nun, und dienstgewärtig.

Lautlosigkeit. Beginn. Geigen und Chor,
Die Zeichensprache rings des Dirigenten.
Und er inmitten, lauschend und – wer gab
Das Zeichen ihm? Sein Zeichen? Keiner.
Genug: er steht und singt. Und singt die Himmel,
Als wie die Ehre Gottes sie erzählen –
Die Himmel? Doch: was ist des Blinden Himmel?
Ein Himmel ohne Mond und ohne Sterne,
Ohn all Gewölk, Lichtspur und Schattenkreis,
Der dunkle Himmel über dunkler Erde –
Und Himmel doch.
                    Ich sage, daß er sang,
Als wäre keine Last. Und daß er endet –
Und da ist keiner, der noch fragt und trauert.

Wie, daß sie hören, wie, daß sie begreifen,
Die Blinden dieser Christnacht hier im Saal?
Begreifen, wie die Hirten auf dem Felde –
Und anders noch – die Botschaft dieser Stunde:
Den Himmelsscharen ist ihr Lobundpreis,
Wie schön er klingt, nicht Lobundpreis genug,
Das Gloria will Menschen.
Menschenstimme,
Zag nur und karg und schuld- und nachtgeboren,
Und ausersehn doch, wunderlich befugt,
Das menschgewordne Wort, den Sohn, zu rühmen.

Wie denn geschiehts? Wie, daß sie dies begreifen?
Wie, daß sie sehen den, der »Siehe« sagt
Und: »Ich verkündige euch große Freude,
Die Freude allem Volke« – wie geschiehts
Zuletzt denn, daß sie singen, sie, auch sie,
Ein ander Hirtenvolk und chorzuhauf –
So singen sie das Lied vom Morgenlicht.
»Brich an, schön Licht« – so singen sie – »und laß
Den Himmel tagen.«
Tagen? Aber wie –
Hier ist, ich weiß, die Gastschaft aller Erde,
Das Tagundnachtgewebe Einerlei,
Gewinn, Verlust, der Mückenflug der Liebe,
Ein einsam Alter dann und dann der Tod,
Und dieser Blinden Hausung hier – ich weiß.

Wie aber, da sie singen nun, geschiehts,
Und ist nicht Traum, doch Wunder unsren Augen:
Und ist, als streife eine große Hand
Den Vorhang hier und dort und dort zurück,
Als öffne sich vor so erloschnem Blick
Der Freiheit Land, das selige Hernach,
Da sich die Rätsel, die verborgnen, lösen –

O hört nicht auf! Mir ist, es sei so nah,
Dies Land Hernach – und hier schon, hier umfinge
Uns, die von Bergen weht, die leichtre Luft
Und andres Licht und eine andre Liebe.

SYNAGOGE

Straßburger Münster, Seitenportal

Im Abendschatten hört erschrockne Seele,
Dies Bild betrachtend, ein geheimes Lied:
Die Langverstoßne ist die Sehrgeliebte,
Die Blickverhüllte, siehe, die Betrübte:
Sie wartet und sie weiß. Sie ist's, die sieht.

IN DEN VIER WÄNDEN

Dieses Glas und dieser Wein,
Dieser späte Mond im Fenster,
Hin und her im Kerzenspiele
Spiegelbilder und Gespenster.
Ists ein Schatten, ists ein Wesen,
Dies Verloren-noch-Geliebte?
Ach, du bannst es, du beschwörst es
Nimmermehr im Manuskripte.

Wohin lockt dich dieser Stunde
Mond und Feuertrank und Feuer?
Fühlst du eines fernen Lebens
Zärtlichkeit und Abenteuer?
Seis. Doch wisse: dir zu Häupten
Rein und redlich aufgerichtet,
Blickt das Antlitz des Erasmus,
Geisterbleich und geistverpflichtet.

Welches, sprich, von diesen Bildern,
Dichter, nennst du deinesgleichen?
Und ich spreche: allzeit bin ich
Angehörig beiden Reichen.
Heute soll mich heiße Schwinge,
Morgen kühler Fittich tragen –
Nur nach Dauer sollst du niemals,
Niemals mich nach Heimat fragen.

DIE APFELSCHÄLERIN

»Die Engel sind sehr fern. Von Lautenspielern,
Von der Schalmei der Hirten weiß ich nicht.
Befohlnes Fest ist unerwünschte Störung,
Ich lobe mir die Türe, die sich schließt –
Und will doch Weihnacht: nicht den flüchtgen Schein,
Doch jenes Immer: *Incarnatus est.*
Sprich, wenn du kannst – doch sprich von hier und heute!«

»Und wenn ich doch ein altes Bild dir wiese?
Zuweilen, denk, ist ›alt‹ dem ›immer‹ nah –
Und was vorzeit und fern in Amsterdam
Pieter de Hooch gemalt, das – nein, hör zu:

Sie sitzt, dem Fenster nahe, halb im Licht
Des Nachmittags, und es ist spät im Jahr,
Das Feuer, sieh, ist im Kamin entzündet.
Die Äpfel sind vom Baum. Hier sind die Äpfel.
Und hier ist sie, die Apfelschälerin,
Die Mutter hier im Haus mit ihrem Kind.
Ansehnlich sind sie, prächtig schier gekleidet:
Schau, wie sichs fügt: der weiße Pelzbesatz
Zum schwarzen Tuch, zum ziegelroten Rock –
Und wie sichs reimt: dies Ocker, Braun und Blau,
Dies Fast-zu-ernst für dieses Mädchens Jahre.
Des Kindes rechte Hand hält einen Apfel,

Die Linke aber streckt sich nach der Schlange,
Die niederringelt von der Mutter Messer:
Die Apfelschale.
Eva nocheinmal,
Nocheinmal Paradies – Frage und Antwort.

Und Frag und Antwort, beide, eingesenkt
In dieser Mutter undeutbaren Blick:
Ob – so gewiß Angst, Tücke und Verrat
Den Spalt im Fenster hier, den Eingang finden –
Ob Bürgschaft nicht bestehe, Pfand der Treue:
Dies sei die Welt, von Ewigkeit besucht,
Und insgeheim erlöst – und unverloren
In Ewigkeit.

Geh in dies Bild, du, der du Weihnacht willst.
Hier ist noch Platz. Rasch findet sich ein Schemel.
Ein Messer ist zur Hand. Bist du geschickt?
Das Kind wird dir den nächsten Apfel reichen.
Gib acht: nicht, daß sie dir zerbricht, die Schale –«

SANKT MARTIN UND DER BETTLER

Zu einer Plastik von Gerhard Marcks

Nicht Pferd, nicht Mantel. Nur dies karge Tuch.
Und dieser Hände nur und dieses Blicks
Verwandelnde Gewalt: wer gibt, wer nimmt?
Glück wohl: des Nehmens Glück. Und größer noch
Des Gebers Glück: dies, daß der Nehmer nahm.
Die Wunde freilich – ach, die Wunde WELT.
Doch siehe, welch ein Licht rings des Vertrauens.
Zwiefache Armut nun.
Und keine Armut.

VERSÖHNUNG

(Dürer, Großes Rasenstück)

Und jeden Abend horchen meine Sinne
Hinaus in diese, in des Ostens Nacht.
Und hören alle: die Kommandostimme,
Den Ruf des Melders und das Wort der Wacht.
Schrei und Gesang und Flüche und Gebete,
Einsamen Laut – wer diesen Laut wohl gab?
O schmerzliches, o endliches Verstummen,
O Tod, o Niemandsgrab.

Und jeden Morgen finden meine Augen
In eine Welt aus lauter Grün zurück,
Die blickt mich an, getröstet und getröstend,
In Albrecht Dürers Großem Rasenstück.
O Halm und Rispe, Wurzel, Blatt und Strauch.
O kleine Zier – im Kleinen o wie groß:
So kehrt dereinst die ganze Schöpfung heim,
Heim in den ewgen Schoß.

DIE VERKÜNDIGUNG

(des Fra Angelico)

Marias Augen halten
Kein noch so nahes Ziel,
Der Bäume weißes Spiel,
Ihr Lächeln und Entfalten,

Und selbst des Engels Kommen,
Sein Flügel und Gewand,
Des Hauptes goldner Rand
Vermag ihr nicht zu frommen.

Maria an der Pforte
Hört nur die dunklen Worte,
Die ihr der Engel sagt,

Und hat die beiden Hände
Gekreuzt und spricht am Ende:
Ich bin des Herren Magd.

DIE KERZE

Nein, du darfst dich nicht bewahren,
Bist du anders je erwacht,
Laß die Sterne strahlend fahren
Über deiner kleinen Nacht;

Laß getrost Äonen dauern
All dies vielgerühmte Licht,
Aber sieh mit Erdenschauern
Weißer Kerze Nachtgesicht.

Eine Dunkelheit vertreiben
Darf die Kerze, schmal und still –
Bruder, willst du anders bleiben,
Als die weiße Kerze will?

Laß der Ruhmeslast Verzeichnis
Uneröffnet, unerstrebt,
Da der Kerze reines Gleichnis
Höherer Bestimmung lebt.

Lebt: zu dauern nicht, zu leuchten,
Leuchtet allen im Vergehn –
Unsre Lose, Bruder, deuchten
Mir im Kerzenlicht zu stehn.

Stern und Tier und Blume kennen
Nur die willenlose Zeit,
Erst im eigenen Verbrennen
Sind wir menschlich eingeweiht.

Stern und Tier und Blume fallen,
Wie ein rotes Herbstblatt fällt,
Bruder, wir allein von allen
Sind zu freiem Dienst bestellt:

Frei darfst du den Abschied geben
Jedem Glück, das du erwirbst,
Denn du stürbest, würdst du leben,
Und du lebst, dieweil du stirbst.

Lieb, Leid

DAS WORT

Ich liebe dich. Es ist das alte Wort –
Wer wars, ders sprach zum allerersten Mal?
Das Wort der Lust, das Quellwort süßer Qual?
Und wie geschahs, daß durch die Zeiten fort

Es weiterdrang? Wer, sag, wer trugs zu dir,
Beladen so von vieler Schicksalsfracht,
Flamme des Tages und Musik der Nacht
Und Übermacht – ach! über dir und mir?

Das alte Wort. Und doch, da ich dirs jetzt
Zusage, ists, als sei es nie zuvor
Berührt von Lippen, zitternd, heiß und schwer.

Wort, neugeschaffen, rein und unverletzt
Für diesen Mund nur und für dieses Ohr:
Hör mich, o du! Ich liebe dich so sehr.

SIEBEN LEBEN

Sieben Leben möcht ich haben:
Eins dem Geiste ganz ergeben,
So dem Zeichen, so der Schrift.
Eins den Wäldern, den Gestirnen
Angelobt, dem großen Schweigen.
Nackt am Meer zu liegen eines,
Jetzt im weißen Schaum der Wellen,
Jetzt im Sand, im Dünengrase.
Eins für Mozart, für die milden,
Für die wilden Spiele eines.
Und für alles Erdenherzleid
Eines ganz, und ich, ich habe –
Sieben Leben möcht ich haben! –
Hab ein einzig Leben nur.

DAS MÄDCHEN

Wenn eine Welle aus erglühtem Blute
Dir unversehens in die Schläfen dringt,
Und ein Gefühl, das dem gelass'nen Mute
Wie Sturmgeläut durch alle Kammern klingt,

Dich plötzlich trägt – so wie zu keiner Stunde
Dich je zuvor dein Herz in Fährden trug –,
Und Worte da sind, deinem Mädchenmunde
Halb fremd noch, oh, und schon vertraut genug –

Wenn anders noch als wie zu Fest und Tanz
Glanz, großer Glanz dir deinen Tag umstrahlt
Und du verwundert aufschaust: welch ein Glanz –

Dann fürchte du dich nicht. Der Schicksalskreis
Umschließt dich gut. Und jedes Leben zahlt
Dem tiefsten Glücke stolz den höchsten Preis.

– UND SCHRIEBST DEN ERSTEN BRIEF

Wohin des Wegs? So nah ist schon die Nacht,
Und wie in Trümmern liegen Raum und Zeit;
Was hab ich denn begonnen und vollbracht,
Seit jene große Kinderseligkeit

Den letzten schweren Abschied von mir nahm?
Viel Fremdes war, so dünkt mich, rings umher.
Vergaß ich fast, wie eins zum andern kam –
Vor Türen stand ich, und sie gingen schwer.

Zuweilen nur, wenn wer vorüberlief,
Da bat ich ihn und sagte: tu mir auf!
Und er, halb lächelnd, zog den blinden Knauf –

Und dann kamst du und schriebst den ersten Brief,
Toroffen stand dein Leben da vor mir. – –
Wohin des Wegs? Du fragst? Zu dir, zu dir.

DIE WEBERIN

Ich webe, Liebster, webe
Den Gürtel und dich hinein.
Das Blau sagt: o ich lebe,
Ich lebe und bin dein.

Das Silber streift am Kleide
Wie Sonnenlicht am See –
Das Braun spricht: Herzeleide
Tut keiner Liebe weh.

Gesell, er ist gewoben,
Gegürtet ist mein Kleid:
Ich will mich dir verloben
In Zeit und Ewigkeit.

ELISABETH

Und wieder am Kreuzweg die Abschiedshand,
Und vor mir die Nacht und das schlafende Land.
Noch suchen die Augen dein tröstliches Licht,
Und erkennen und danken – und scheiden nicht.

Und die Nacht ist nicht nacht und der Weg ist nicht feucht,
Es erhellt und erwärmt mich dein innres Geleucht,
Und die Traurigkeit noch, gehst du mit mir hinein,
Kann die Traurigkeit nimmermehr traurig sein.

LIEBSTE LIEBE

Sag' mir, liebste Liebe, hast du Not?
Fürchtest du dich denn vor solchem Schweigen,
Da sich Liebe zum Gewölke neigen
Will und zu verdunkeln droht?

Liebste, Liebe glaubt an keinen Tod –
Fürchtet deren kein's, das ihr begegnet,
Denn sie weiß sich ewiglich gesegnet,
Krümlein von des Herren Brot.

Es ist Abend und der Himmel loht.
Bleibe bei mir um der Liebe willen,
Glaub': Gott baut aus allen unsren Stillen
Seiner letzten, liebsten Liebe Boot.

DIE NAMENLOSE

Geliebter hör' ich dich und Bruder sagen
Und mich im Echo: Schwester Mädchen Kind –
Und manchmal, (denk), fühl' ich: die Namen sind
Die letzte Irrnis, die wir mit uns tragen.

Was wissen Namen denn? was weiß denn »Erde«?
Tönt denn im Namen schon das Wunder Baum?
Hat je die Liebe in den Namen Raum,
Ach nur der Liebe mildeste Gebärde?

Man liest von einem unbekannten Mann,
Der einem Ringer in der Nacht begegnet,
Der wehrte ab: »Was fragst du, wie ich heiße?«

Ob man die Liebe ihm vergleichen kann,
Die unbekannte Liebe, die uns segnet,
Die in uns große, namenlose, leise?

DER FRAU DAHEIM

Ferne ist und Fremde übermächtig,
Unerreichbar schier das Vaterland,
Nur die Nächte, groß und silberprächtig,
Grüßen wie bekannt.

Und es sind wohl deiner Augen Grüße,
Die sie strahlen: Drache, Bär und Schwan,
Und der Birnenblüte weiße Süße,
Deine Liebe hat sie aufgetan.

Und dein Ruf ists, der die späten Winde
So vertraulich macht und so vertraut,
Und dein Lächeln schau ich, wenn das linde
Mondesantlitz auf mich niederschaut.

Ach, und noch wenn alles wir verlören,
Nacht und Nachtwind, Mond und Silbertraum,
Wüßten wir doch, wie wir uns gehören
Über Zeit und Raum.

DIE BITTE

Wenn du Gott bitten kannst, so bitte ihn.
Sag ihm, daß er nicht enden lassen kann,
Was eben erst wie Morgenlicht begann
Ein goldenes Gewölk emporzuziehn,

Den schönen Tag verkündend. Ach, es schien,
Als fingen jetzt erst wir zu leben an,
Da eines sich im anderen gewann,
Da beiden neu der Liebe Kraft verliehn:

O Gruß der Augen und der Lippen Gruß,
Der Hände Zärtlichkeit, des Herzschlags Beben,
Die letzte Lust, die kein Gedanke mißt –

Sag ihm: du wüßtest wohl, daß er nicht muß.
Nur bitten wollst du ihn, wie um dein Leben,
Um diese Liebe, die das Leben ist.

ERSCHÜTTERUNG

Zu denken, daß es Jahr und Tage gab,
Da du die Welt und dich die Welt geliebt –
Der Strom, auf dem die großen Schiffe fahren,
Das weite braune Land, die hellen Pappeln,
Der Wind vom Meer her und der weiße Glanz,
Der über beide, Erd und Himmel, fährt
Gleich dem Gestirn, des Weg ohn End und Anfang.

Zufror der Strom. Und winterliche Spiele,
Die Lust am Eislauf und der Ferne Lust
Umfingen dich wie Tanz und Liebeswort.
Aufsprang das Eis in eines Frühlingsabends
Mildwarmer Dämmerung, und das Herz begann
Zu atmen, ach zu strömen, innig jung.

Und all die große Herrlichkeit zu denken:
Des Tags Beginn, die morgendliche Flamme,
Wie sie durchleuchtet ragendes Geäst,
Die hohe Feier und die frühen Schatten,
Mondsichelglanz in einer blauen Nacht –

Und dies zu denken: daß Musik, Musik,
Der Geigen, Flöten, der Oboe Wohllaut,
Des Weltalls und der Harmonien Gespräch
Dich einbezogen in den heilgen Kreis

Zu Ruf und Echo, zu geheimer Wandlung –
Dies Deine denn.
                Und dann, o dann zu denken,
Daß unterdes auch mir die Welt erschien,
Tag, Nacht und Sturm und rätselvolle Botschaft,
Geburt und Tod und Liebe und Gefahr.
Ich schwieg und lauschte. Und ich sah und sang.
Ich lebte. Aber dies zu denken, daß
Ich lebte, auf der Welt war, irgendwo
Und nicht bei dir, und nicht mit dir, in dir:
Unwiderruflich dies zu End zu denken
Vermag ich nicht –

AUF DEM WEGE

Du habest im Michbegleiten
Das Einsamsein gelernt.
Sag, und die Nacht und die weiten
Himmel, unendlich besternt,
Waren sie nicht für dich da:
Decke, darunter zu ruhn,
Zu die Augen zu tun,
Was auch geschieht und geschah?

Aber der Tag und die Tage
Bedrängen dich bitter, ich weiß.
Wer ists, der lächelnd ertrage
Fremdesten Willens Geheiß?
Nur, daß zuweilen der Wind,
Wenn er im Frühtann sich regt,
Blut dir und Blüte bewegt,
Wie er getan dir als Kind.

Wort freilich, Trauer zu trösten,
Mangelt, wie oft ichs bedenk.
Wohl, so empfang der gelösten
Weltgebärde Geschenk:
Groß und still ist das Land;
Wasser, sie fahren zu Tal,
Wege sind, ganz ohne Zahl.
Nimm meine Hand.

IMMER KIEFER AM WALDRAND

Immer Kiefer am Waldrand
Ausgesetzt immer
Beiden: der Kälte, der Glut –
Jetzt dem feuchtzornigen Sturm,
Jetzt dem schweren Gesetz der
Nichts-als-verrinnenden Zeit.
Breit ist – o Jahrlast – der Stamm,
Leicht nur und offen die Krone, ach
Wenig Zuflucht im Wetter.

Wenig Zuflucht, ich weiß,
Ist ein erschrockener Mann.

Nur die Liebenden, wenn
Ihnen das Wort sich versagt,
Fühlen, da sie sich halten,
(– komm nur, lehne dich an! –)
Fühlen im rissigen Holz
Preisgegebenen Lebens
Jähe Verwandtschaft.

EINMAL

Einmal wird man mich fragen:
Weißt du das nicht?
So zu lieben,
Mensch den Menschen zu lieben
Ist nicht erlaubt.
Wie werd ich die Frage ertragen?

Werd ich zu sagen wagen:
Von dir her getrieben,
Von deiner Liebe getrieben,
Wagt' ich zu lieben. Dein Licht
Hab ich im menschlichen Antlitz geglaubt.

Oder: kein Wort werd ich sagen
Aller Klugheit beraubt
Vor dem letzten Gericht.
Steht die Antwort geschrieben,
Der, die ich so durfte lieben,
Dir dann im Angesicht?

Senke du, senke dein Haupt.

DER GEFÄHRTIN

Der Ahorn vor meinem Fenster
Hat ein Alter von achtzig Jahren,
Das sind die beiden Leben,
Die wir beisammen waren.

Sein Stamm ist stark, seine Zweige sind fest,
Und vielfarben sind seine Blätter,
So wagt er zu sein und so hält er stand
Durch all die Jahreswetter.

Ich seh ihn im Licht, durchscheinend hell,
Und geistergroß steht er im Dunkel,
Und da wird Mondzeit, die Krone glüht
Im Mitternachtssternengefunkel.

Aber am Tage des zornigen Sturms
Wird jede Faser lebendig.
Doch der Zweige Umarmung ist schön
Gleich dem Urwort: beständig.

Um den Baum und auch um uns beide sind
Gewirr vielleicht und Gewimmel –
Aber noch immer der Lebenswind
Unter dem offenen Himmel.

VON DEN EINSAMEN IN DIESER ZEIT

Das geht mit zu Bett und das steht mit mir auf
Und das währt wie ein Wort im Gericht:
Gestalt und Gebärde und Blick der Fraun
Und immer die Stimme, die spricht:
Wo ist, der mich zu befreien erscheint
Vom unfruchtbaren Bann,
Vor Zeiten und Zeit für mich bestimmt,
Mein Mensch, mein Eigen, mein Mann?
Wo ist –? spricht der Mund. Sie waren doch da,
Kinder und Knaben sogleich,
Lebendiger Leib und lebendiger Geist,
Tänze- und liederreich.
Sind alle so still jetzt, so still. Es grub
Sie der Gräbergewaltige ein
Im östlichen Feld und am westlichen Meer
Unter Schnee und in Urwälderein.
Und die er vergessen und die er verschont,
Der Tod im feindlichen Land,
Die hat man erschlagen, ertränkt im Moor,
Vergiftet und verbrannt.
Und waren doch unser: Freude und Ruhm
Und Zukunft – und sehnten sich so.
Was blieb uns nun? Krume und Totenwind,
Antwortloses Wo.

Und es spricht eine Stimme – von weither kommt
Ihr Klang und wie übers Meer –
Noch immer weint Rahel und immer noch sind
Die Tränenkrüge schwer.
Du aber – nicht blicke mir stumpf und grau,
Die Hände im schlafenden Schoß.
Sieh auf und begreif: die Stunde schlägt,
Und die Nacht der Welt ist groß.
Rufe sind, Mädchen, begreif – und Frau,
Die du Vergangnes beschwörst,
Die Schmerzversteinerten hören sie nicht,
Keiner hört sie, wenn du sie nicht hörst:
»Schwester« ruft einer, und nocheinmal:
»Schwester« und »hilf« und »geschwind«,
Und ein Schiff legt an, des einzige Fracht
Die Mutterlosen sind,
Und einer ist, und das Herz ist ihm bang
Von unvergebener Schuld,
Und er fragt: ist irgendwo auf der Welt
Noch ein hörend Ohr der Geduld?
Und einer – nicht einer, unzählige sind,
Die im Herzleid Verstummten, du weißt –:
Wer klagt ihre Klage, wenn du ihnen nicht
Die eigene Stimme leihst?
Zuletzt denn einer: ein alter Mann,

Dem vor den Schatten graut,
Und der in dein rein bewahrtes Gesicht,
Ins endlich gefundene, schaut.

Spricht wieder die Stimme: und wie, wenn nun doch
Keiner das Meine erkennt?
Antwort: die Kerze am Rande der Nacht
Nährt ihre Flamme und brennt.
Fragt nicht: wer sieht mich? Und fragt nicht: wofür
Schwindet mein Leben dahin?
Gedenke der Kerze! Vergessen ist nichts
Im Buch vom ewigen Sinn.
Ja, er selber, der Geist, der von Anbeginn her
Schwebt ob der Tiefe des Lands,
Der in Abend und Morgen sein Werde spricht
Umleuchtet vom Cherubimglanz,
Der Menschenantlitz schuf und schafft
Nach seinem Antlitz groß,
Der hat dich gerufen, wie Liebe ruft,
Dich und dein eigenes Los.
O Weg im Gewölk, und tiefer noch
Gestern und heute verhüllt.
Aber zuletzt denn, begreif! zuletzt
Enträtselt und erfüllt.
Und der Tag – sei getrost! – es zeichnet der Tag,

Der als ärmster Tag dir erscheint,
Vielleicht eine Falte, ach nur einen Zug
An dem Bilde, wie Gott es gemeint.

ABER IM WINDE DAS WORT

Gut ist die Hausung, der Hort,
Und der Menschen Zuzwein und Zudrein,
Aber im Winde das Wort
Heißt: immer ist einer allein.

Glückliche Stunde am Meer
Und der Einklang des Lebens so groß!
Vogel, flieg – und wie leicht ist das Schwer,
Weiße Flut – und wie lösest du los!

Und der fremde Schritt wie vertraut,
Wie verwandelt das Fern und das Nah,
Wir wagen den leisesten Laut
Und die Botschaft des Trostes ist da.

Und wir wenden den Fuß und es schließt
Sich der Tag und es schließt sich der Kreis.
Schicksal selbst, das zornige, fließt
Gelind und gelinder – ich weiß.

Aber da stürzt es herein,
Dunkel ins selige Licht:
Immer ist einer allein,
Und ich helfe ihm nicht.

ZAUBER DER VERWANDLUNG

Für Hans Carossa

Nicht den Kreisel, Singekreisel,
Feuerrot und grün geründet,
Ringe und geschwungne Seile,
Spiegel nicht, auch nicht das bunte
Spiel der Bälle nenne, wenn du
Zauber nennst – und würfest du gleich
Ihrer sieben wie Rastelli –

Leicht noch heiße dir, was schwer ist:
So die Kunst zu musizieren.
Bogen, Steg und Griff und Saite,
Weißer Taste, schwarzer Taste,
Strengem Instrument entreißen
Himmelssturm und Erdenbeben
Und den Jubel und die Klage.

Nicht zu prahlen ziemt dir mit dem
Schnellen Sieg erglühter Sinne,
Gleicht doch Leben stets dem dunklen
Kohlenmeiler, der den Brand hegt,
Irdisch halb und unterirdisch;
Nur gelinden Winds bedarf es,
Und schon loht die hohe Flamme.

Dieses nicht. Und nicht das milde
Sterngeheimnis einer Freundschaft,
Nicht den Bund der schönen Geister
Nimm zum Zeugen, wenn dich einer
Fragte, ob du wissest um den
Einen würdigen und wahren
Reinen Zauber der Verwandlung.

Aber dies: ein Herz, ein schweres
Herz, des Nächsten Herz begleiten,
Einen Weg und vieler Wege
Aufundab und Hinundwieder –
Binden, lösen, halten, heilen,
Heiter und wie sonder Mühe:
Solches rühme, wers vermöchte.
Aber wer, sag, wer vermag es?

DIE HÄNDE

Zuweilen träumt mir (doch ich träume wachend),
Ich ging allein durch eine tiefe Schlucht,
Wald stünde hoch zu beiden Seiten auf,
Und also eng, so träumt mir, sei der Weg,
Daß immer nur ein einzelner ihn bahnen,
Ihn seinen eignen Schritten öffnen kann.
Denn bis zur Erde schier, um Knie und Hüften,
Um Brust und Schulter, Haupt und Haupteshaar
Des Wandrers auf dem Wege breitet sich
Der Zweige vielverschlungenes Gewächs,
Der Zweige. – Aber das sind Zweige nicht,
Das sind – ich seh sie einzeln, seh sie alle –,
Sind Hände, die mich fassen, halten wollen.

Sie greifen nach mir, wollen, daß ich greife:
Die heiß, die kühl, die fest und diese zaghaft,
Die strahlend wie das Leben, wie die Sorge
Die hier, und die wie Urverlassenheit
Nach einem greift – und ich, ich habe
Zwei Hände nur und einen weiten Weg.

Ich eile – wie man denn in Träumen eilt –,
Ich möchte eilen, fliehen, möchte all
Die Zweige, ach, die Hände seitwärts schieben,
Behutsam freilich, doch des Ziels gedenkend,
Des Abends auch, der schon die Schlucht bedroht.

Da aber endet mir mit eins der Traum.
Und wach ist alles. Überwach die Frage:
Hände sind auf der Welt, die auf dich warten,
Wie dürftest, dürftest du vorübergehen?

BEDROHLICHE STUNDE

Giftpilz- und Herbstgeruch im feuchten Wald.
Und Abend. Vögel fliegen schwarz und tief.
Der Vogelschauer liest wie einen Brief
Daraus des Lebens und des Tods Gehalt

Und geht wie einer, dem die Nachtgestalt
Mit ihrem bösen Schritt entgegenlief,
Wie einer geht, den sie beim Namen rief
Und dem der Rücken schaudert, heiß und kalt.

(Verwesung im Gesträuch und im Gebälk
Der umgeschlagnen Bäume – und auf weit
Sind alle Wege heimatlos und welk.)

Und wenn der jetzt mit seiner ganzen Macht
Die Angst, die Angst sich nicht vom Herzen schreit,
Dann findet er nie heim aus dieser Nacht.

ANGST

Sitz ich auch sattelallein wie mächtige Herren,
Fühl ich doch Leben um Leben am meinigen zerren,
Brennt auch der Atem wie Sommer so heiß mir noch heute,
Bin ich doch morgen wer weiß welches Raubvogels Beute.

Läuten wohl Stunden und Tage im Sturm. Aber innen
Hör ich das Leben im Sandglas rinnen und rinnen,
Sehe das Ende im Anbeginn immer schon locken,
Biege durch Gassen der Nacht – unsäglich erschrocken.

NACHTWACHE

Wer wacht jetzt noch, wer fragt jetzt noch
Wer, der noch Echo will?
Die Nacht ist lang, die kühle Nacht,
Und still und viel zu still.
Die fernsten Schritte hör ich nah
Wie meinen Herzschlag fast,
Im Fernsten, scheint, bin ich daheim,
Und bei mir selbst nur Gast.

Ich hör es: meinen Namen nennt
Ein Mensch im dunklen Bann –
Was bin ich für ein stumpfer Knecht,
Daß ichs nicht deuten kann:
Schuld ich ihm Botschaft, Gruß und Dank,
Herberge für die Nacht –
Mein Leben schuld ich, und er ruft –
O lange, bange Wacht.

Ich fürchte mich. Ich fürchte wohl
Das viele Schweigen nur.
Reglos vorm Fenster starrt der Tann,
Reglos im Turm die Uhr.
Der Brunnen selbst verlor zur Stund
Sein' Macht und Melodie.
Lang ist die Nacht, die kühle Nacht,
Und still und still wie nie.

Der Eine, der jetzt kommen müßt,
Der böte mir die Hand,
Vom Unverstörten spräch er mir
Im vielverstörten Land:
Orion jagt wie eh und je
In goldnen Schuhn daher,
Und Nuß und Quitte fällt vom Baum –
Was fürchtest du so sehr?

Der Eine nicht, der Andre nur,
Der Rufer nur ist da,
Die Stimme des, dem weiß nicht wo
Lieb oder Leid geschah.
Geschiehts, daß sie, die einsam und
Dem Tode nah vielleicht,
Das selge Meer- und Muschelohr,
Das Ewig-Ohr erreicht.

Geschiehts. Anhebt ein Morgenwind,
So ist die Nacht vorbei,
Die Stille, die uns bange macht,
Und der verlorne Schrei.
Geschiehts. Ein rötlich Frühgewölk
Rings auf- und niederzieht.
Wer wacht jetzt noch, wer fragt jetzt noch?
Vertraue: es geschieht.

AN DIE FREUNDE

Sitzt einer bei der Kerze,
Allein und nicht allein;
Wer kommt zu dieser Stunde noch?
Willkommen und herein!
Euch Freunden ist dies Zimmer
Verschlossen keine Zeit,
Ihr findet nun und immer
Und immer mich bereit.

Bereit denn, zu erneuern
Den ersten Knabentag,
Da auf dem Brückennepomuk
Die Sommersonne lag.
Wie du mit halbem Scherz mir
Halb ernst entgegenkamst,
Und mit der Hand das Herz mir
Und alles nahmst.

Und du – und du – tritt näher,
Erkenn, daß ich es bin,
Ihr auch, ihr Schonumschatteten,
Woher, wohin –
Und ihr, seit eh und gestern
Gefährten dieser Bahn,
Ihr Männer, Mütter, Schwestern,
Herzen mir zugetan.

Ihr beides: Licht und Flamme,
Groß Glanz und Leidenschaft,
Ihr Innig-Eingeweihten
Vielfältger Liebeskraft –
Da noch die Türe offen
Zum nichts-als-milden Heil,
Doch insgeheim getroffen
Vom Gotte mit dem Pfeil:

In neuen Sprachen, nächtens,
Geträumt und ungeträumt,
Reden wir miteinander,
Verstehend ungesäumt.
Und ist gleich Wortes Schwinge
Wie Wind im weiten Feld –
Das Wort, weil ich es singe,
Und euch, den Freunden, bringe,
So fällts nicht aus der Welt.

DEN WEGBEGLEITERN

Schüler? Ich weiß nicht. Aber Hörer – wohl.
Gerne verehrend. Frei zu Ja und Nein.
Kein Süchtiger. Zuletzt vielleicht: ein Freund,
Spiellustig-ernst im innigsten Verein.

Ich rechne nicht, was Preis hier und was Lohn war,
Mir wurde das Gestirn durch euch bewohnbar.

WELTLEID

Nachbarlich ist alles Leid der Welt.
Denk ein Kind, das plötzlich traurig wird,
Weil sein Ball ins Weißnichtwo verirrt.

Seine kleine Kinderklage fällt
An die Schwelle vor dem Klagetor
Einer Braut, die ihren Freund verlor.

Mädchenstimme, die ins Dunkel geht,
Streifen andre, sprechen: »Wir sind blind,
Müssen schlafen, eh' die Nacht beginnt.«

Andre: »wir sind arm« – und eine fleht:
Kann denn nicht, nur eine Stunde lang
Tönen, tönen aller Lust Gesang?

Über alle hin ein Leidwind weht:
Kind, sei stille, Braut, ich höre dich,
Volk der Armen, Irren, Blinden, sprich:

Alles Leid der Welt ist nachbarlich.

ÜBER EINER TODESNACHRICHT

Fühlt es das Weltherz denn nicht,
Wenn so viel Liebeskraft stirbt?
Wiegt ihm ein Leben so leicht,
Weiß es so eilig Ersatz?
Wir, ach, wissen ihn nicht
Und hießen wohl unersetzlich,
Was unsrem Herzen entreißt
Der großmächtige Tod.
Wege, ihr oftmals begangnen,
Wie endet ihr plötzlich im Dickicht!
Stimme, du zwiesprachvertraute,
Einsame, fürchtest du dich?

Sie freilich, die er uns nahm,
Der geheime Verwandler,
Schweigen sie dunkelen Schlaf,
Lauschen sie fernem Gesang?
Oder wärs, daß sie wirklich,
Leicht nur ans Gitter gelehnt,
Nachbar noch hießen und Freund
Jeglichem Lassen und Tun?
Wärs, daß wir rufen, und sie
Kommen, die selig Befreiten,
Wärs – und sie blieben für immer
Liebend auf unserer Bahn?

ÖSTERLICHER FRIEDHOF

Keiner Stunde Verkündung
Wagt zu sagen: ich bin,
Sind doch im Garten der Gräber
Abend und Morgen dahin.

Kaum die Jahre bedürfen,
Daß man ihr Wandeln benennt,
Keiner der Schläfer da unten
Sommer und Winter erkennt.

Blumen nur bringen beständig
Leiseste Botschaft ans Licht –
Bis die Posaune des Engels
Stille und Sterben zerbricht.

GESPRÄCH MIT DEM RABBI

Es gibt kein ganzers Ding als ein zerbrochens Herz.
Alter Rabbinenspruch

Tröst' nicht! Trost lügt. Auch ich kann dich nicht trösten.
Uns hält die Welt im Schraubstock der Gewalt.
Sind wir zu spät, sind wir zu früh gekommen?
Frag nicht –. Ist Rahel jung? Ist Rahel alt?

Wohl dem, der sein Gerät verwahrt: wir finden
Das Torschild Ehundje ZUR ZEIT VERREIST.
Das Fest ist leer. Und selbst im heilgen Leuchter
Wohnt nur die Nacht. Ich weiß. Und du? Du weißt.

Nur daß nicht ganz uns Bitterkeit verwehre
Das Recht auf unsren ungestümen Schmerz,
Sprich, wie dein Ältervater vorgesprochen:
›Kein ganzers Ding als ein zerbrochens Herz.‹

ROSE DES ABENDLANDES

Sähe dich einer, du glühtest – wie dort im Straßburger Münster
Die Rosette erglüht, Rose des Abendlands.
Zwar, es umdroht dich Gefahr: des Weltfeuers zornige Flamme
Wagt sich, Schutzlose du, an dein heiliges Haupt,
Und der Bedenkliche fragt: was soll, da rings die Gewalt herrscht,
Rose, dein Glanz und dein Duft, Rose, dein leuchtend Vertraun?
Aber es waltet noch immer des Opfers strenges Geheimnis,
Und das Vergehende schenkt unvergängliche Kraft.
Sähe dich einer – im Dunkel, ja tief in der Nacht noch
Sieht der Leidende dich, und du erneust ihm das Herz.

GANDHIS GRAB

Lauter Monologe

I

Gut ist ein Zeuge. Er sagt:
Zwischen Einschuß und Tod
War keine Zeit mehr, zu sprechen,
Für den Mahatma.
Nur die Gebärde gelang noch.
Wohl zu erkennen
War die Gebärde.
Zu dem Mörder gewandt
Hieß sie: Verzeihung.

II

Von weither kommen sie, Machthaber dieser Erde,
Das Land zu sehen und den heil'gen Fluß,
Sie gehen an Mahatma Gandhis Grab,
Selbst hoch geehrt dort, wo sie ehren sollen,
Und pflanzen einen Baum:
Der alte General der Neuen Welt,
Der kluge Bauer, Tolstois Freundesfeind,
Der rote Zar des Drachenreiches, jüngst
Die Königin von England.

Dreh dich ein wenig, Erd, ein wenig nur,
Planet der Freunde und der Widersacher:
Schon sind die einsam eingepflanzten Ruten
Einander zugeneigt, Geäst Geäst.
Wer denkt des Ursprungs noch? Wer unterscheidet:
Dies ›Gruß aus Washington‹, dies Chinas Baum?

Und weiter dreh dich... Eines Menschenalters,
Schon einer Kindheit Jahre sind genug –
Gib Sommer, heiße Regenzeiten gib,
Und wo Gehölz noch eben, manneshoch,
Ein wenig Zuflucht bot vor fremdem Blick,
Umschattet uns ein Wald. Im tiefen Dunkel
Aufblüht Verwandlung, Lebensüberschwang,
Schlingwuchs, darin Getrenntes sich vereint –
Inmitten aber
Des Friedens reine Lichtung.

Warum in Bäumen nur?
Warum auf Gräbern nur?

III

Hätte die Königin,
Da sie den Baum pflanzte
An des Mahatma Grab –
    Werde groß, kleiner Baum
    Blüh weiß, schöner Baum
    Gib uns Frucht, guter Baum –
Hätte die Königin
Ein wenig zur Seite gesehen, vielleicht
Hätte sie ihn entdeckt:
Den Bauch meines Kindes,
Der voll ist von Hunger,
Und meine Reisschale, die
Leer ist.

IV

Schätzenswert immerhin ist
Die symbolische Handlung.
Doch bleibt es, ich fürchte,
Bei dem alten Gesetz:
Nur der Erschlagene heilt.

V

Viele, heißt es, waren zugegen
Als der Mahatma starb.
Viele lasen die Schrift seiner Liebe,
Die letzte,
Die Schrift in der Luft:
Ich verzeihe – verzeiht ihm!
Warum nur
Verzeiht denn noch keiner?

GELÖBNIS

(Nachtwache, Fleckfieberlazarett, Frühling 1943)

Welchem Ziel wir sterben?
Nicht dem Vaterland.
Nicht, daß die Enkel und Erben
Von neuem Länder erwerben,
Mit des Hasses grüngiftigen Schwaden
Von neuem die Seele beladen,
Von neuem die Seele beladen
Mit patriotischem Tand.

Welchem Glauben wir leben?
Uns ward dies Land zu klein.
Die in Panzern verbrannt und in Gräben
Verschüttet, die uns umschweben,
Die Toten, hüben und drüben,
Was wolln sie, als daß wir begrüben
Den bewaffneten Wahn und endlich,
Endlich Brüder sei'n.

KARWOCHE 1946

Daß dies geschieht: daß so die Erde wieder
Vergessen kann das angetane Leid,
Daß sie Verstörung lohnt mit jungem Moosgrün,
Mit roter Blüte blutge Grausamkeit.

Den Talgrund schau, des Berghangs neues Leben,
Da österlich die blauen Winde wehn,
Von Gruß und Dank, von Innigkeit durchklungen,
Von Freude ach! – als wäre nichts geschehn.

Als wär nicht sie, sie selber, Gottes Erde,
Jahrlang geschändet rings zur Martergruft.
Daß sie vergessen kann! O Veilchenbotschaft!
O wilder Rose selig süßer Duft!

Die Geißel schwingt nicht mehr, es sind die Würger
Hinabgefahren an den finstren Ort –
Das Kreuz nur dauert: mildes Holz der Gnade,
Versöhnung deutend als der Worte Wort.

DIE UNABLÖSBARE KETTE

Als wir im Thujabaum schaukelten einst,
Weißt du noch, Bruder,
Und die Mutter rief unsre Namen hinauf
In den Baumwipfel, Bruder,
Dachte sie wohl, daß Streit uns erwarte,
Denn auch sie, die Tapf're,
Wußte zu streiten –
Süß war, mild noch und nahe der
Apfelbaumduft um Jakobi,
Bitter des Nußbaums Arom.
Tisch und Bank war bereit,
Vieles lernen die Knaben:
Sprachen und Länder und Zeit
Und den pythagoräischen Lehrsatz.
Einen Lehrsatz noch nicht:
NUSSBAUMHOLZ IST GUT FÜR GEWEHRSCHÄFTE.

Später dann, die Platanenallee,
Und wir führten die Nachen,
Ausruhend jetzt, in das grüne
Dunkel am Hölderlinturm.
Eure Stimmen waren mit uns:
Rahel, Susanne –
Eure Namen:
Rahel, Susanne –

Heiter dir, Bruder – doch mir
Bang und flüsternd geliebt.
Schöne, vorläufige Namen. Und
Keiner hat uns wissen lassen
DEN DEFINITIVEN SAMMELNAMEN ANNE FRANK.

Aber jetzt, wenn das Quittenbaumlaub
Noch im Novemberlicht uns
Seligkeit gaukelt und Glück,
Unschuld der Kreatur –
Wem gehört diese letzte,
Die vergessene Frucht
Dort in der Krone?
Rahel, Susanne, Bruder im Thujabaum –
Jetzt freilich würgt im Halse sogleich die
Unablösbare Kette:
BAUMFRUCHT FRUCHTKERN KERNHAUS
BLAUSÄURE AUSCHWITZ.

MOTETTE

»denn in ihrem Frieden wird euch Frieden sein.«
Jeremia 29,7 *übersetzt von Martin Buber*

Liegen ungebunden auf der Erde
Fremde, Feindschaft und der schwarze Streit.
Mächte suchen Macht, und Macht will Beute,
Und wer mag, wird unrecht Gut gewinnen.
Du nicht, du. Es sollen diese Siege
Dir nicht Siege sein.

Such ihn nicht, den Schlaf des Ganz-Vergessens,
Träum ihn nicht, den fahlen Traum Vorbei.
Wohl, die Tür ist offen – und es winken
Die Befreiten dir, die Frühentfernten.
Steh! Kehr um! Es sollen ihre Schatten
Dir nicht Schatten sein.

Wags, zu wachen! Sprich den Unerlösten
Deinen Gruß nur zu, nur dies: ich weiß.
Liebe findet. Und die alten Zeichen
– Himmelswolke, Herzschlag des Vertrauens,
Blaues Waldgebirg und Kinderlachen –
Dein sind sie – und sieh: in ihrem Frieden
Wird dein Frieden sein.

Und Zeit und Ewigkeit

ANTLITZ DES MENSCHEN

Nicht dir, Vogel, zu gleichen ist mir gegeben,
Wipfeln jubelnd vertraut und Gipfeln der Berge,
Schwerelos schön Zuschwingender du,
Bruder des Lebens.

Nicht dir, Schlange, zu gleichen ist mir geboten,
Dunkelgebürtig Getier und kriechend im Dunkeln,
Ungeliebt noch im Funkeln, und immer ein giftig
Züngeln des Abgrunds.

Süßem Leben zugleich und allen bitteren Fiebern,
Himmel und Erde teilhaftig bin ich geboren,
Mit dem versehrten und dennoch unendlich getrosten
Antlitz des Menschen.

VERSCHWENDUNG

Frage

Verschwendung ist im Überschwang der Pollen,
Im Maigesang, im Lindenduft der Welt,
Im Bienenspiel, dem glücks- und liebestollen,
Im Mohn, o schau – o schau das Erntefeld!

Und anders nicht, wenn dann im Apfelgarten
Die Kinder schütteln am verwunschnen Ast:
Herbei, herbei, den Segen zu erwarten,
Den Reichtum rings der goldengroßen Last!

So legt der Fischer seine weiten Netze,
Verschwendung selbst belädt ihm seinen Kahn.
Und Pilz und Wild – dem nämlichen Gesetze,
Verflochten sind sie ihm und untertan.

Licht ist Verschwendung, Mond und Sternenschimmer,
Schlohweißer Weg im dunkeldunklen Tann.
Und wer bin ich, o Gott, wenn ich mich nimmer
Verschwenden kann?

Antwort

Sohn, Sohn der Schwermut, du geliebter Sohn,
O glaube nicht, daß jener dich vergißt,
Der in der Glorie selbst auf seinem Thron
Die Stunden zirkelt und die Maße mißt.

Du bist gemeint. Ob dir gleich fremd das Los,
Ob es dir seltsam zugemessen scheint,
Das Treugelöbnis, glaub, ist gut und groß
Und unerschütterlich: du bist gemeint.

Wohl Myriaden all im Element,
Wohl Vogelwolke weit und Mückenschwarm –
Du bists, den Er, Er selbst bei Namen nennt,
Dich ruft Sein Wort, dich trägt der ewge Arm.

Dir ward das Teil des menschlichen Geschicks,
Ein Lächeln über Leid- und Zeitvorbei,
Die Stunde eines unbegriffnen Glücks,
Und eine Sehnsucht, daß es immer sei –

Der Abschied dann. Vieldeutges Angesicht,
Vieldeutge Stimme, die von fernher tönt:
Jetzt noch wie Schrei und bitterer Verzicht,
Jetzt schon gestillt und göttlich-frei versöhnt.

Und was ist, das du bittest, das du bangst,
Beschenkter du, ein Sohn der Gottesschrift,
Da dies dein Teil die Armut und die Angst,
Die Fülle noch, nach welcher du verlangst,
Am Ende doch unendlich übertrifft?

IN DER FREMDE BEI NACHT

Wenn in die Ukrainernächte
Einfällt großen Windes Klang,
Ists, als ob mich jene tiefen
Stimmen fernen Lebens riefen,
Schlaf, der scheue Gast, verläßt mich,
Und ich wache lang.

Und ich horche und ich höre
Meines Schwarzwalds dunklen Ton,
Hundertfältig Vogelschwingen,
Föhrenlied und Wettersingen,
Mitzufahren wünscht ich sehnlich,
Und ich fahre schon.

Und da seid ihr wie vor Zeiten,
Schlucht und Dickicht, Hag und Tann,
Wurzelwerk und böse Orte,
Mitternächtge Geisterworte,
Ach, wer euch ersinnen wollte,
Nimmer euch ersann.

Du nur, Herz, gehst lichte Wege,
Frühen Sommers eingedenk.
Kehre, Sommer, wiederkehre
Thymian und wilde Beere,
Lippe, wilder noch, des Lebens
Glühendes Geschenk.

Ja, Geliebter du der Ferne,
Wind der Heimat, sing mich ein.
Sing mir, hilf mir sie vergessen,
Diese Fremde unermessen:
Kammer, Schlafbank, Atem, Herzschlag
Und das Wort: Allein.

WIND DER UKRAINE

Wind der Ukraine,
Nachtwind und Frühwind,
Sag mir, von wannen
Kommst du gezogen?

Kommst du von Osten,
Grauschwarze Schwinge,
Eishauch und Krähnruf und
Tod im Gefolge?

Wo sind die Rufe der
Kinder, der eignen?
Bring sie uns, Westwind,
Wind du der Heimat!

O wie bedrängt ihr das
Herz, ihr unähnlichen
Windesgeschwister hier
In der Ukraine –

GRUSS AN RUMÄNIEN

Nun, da es hoher Sommer wird, denk ich, Rumänien, dein:
Wie glühend mag, du Sommerland, dein hoher Sommer sein.
Schwarzerdges Mais- und Weizenreich, schwellend von
Lust und Kraft,
Du Land wie eines Weibes Leib in heißer Schwangerschaft.

Nun birst von Farbe, Frucht und Duft der Markt von
Craiova,
Goldroter Aprikosenberg und grüne Paprika,
O dunkelblaue Eierfrucht, Schafkäse, Öl im Krug,
O weißer Wein von Mediasch, nie trank ich dich genug!

Nun treiben sie nach Temeschburg das schwarzgefleckte
Vieh,
Viel buntgesticktes Reisekleid, weißlinnen tragen sie,
Und haben Rundgesang und Tanz und Lieb und Liebesleid,
Und trinken an der Erde Brust die große Trunkenheit.

Benachbart wohnen sie zusamt, mit Stab und Pflug und
Netz,
Hirt, Bauer, Fischer, Musikant, in Landfried und Gesetz,
Schwarzäugiges Rumänenvolk, Bojar und Bürgersmann,
Und allen ist das eine Licht des Himmels aufgetan.

Vor der Ikone beugt sich tief zum Kuß der Diakon,
Und durch die Kathedrale dringt ein langgezogner Ton,
Es singt der Priester, angetan mit silbernem Brokat,
Den alten, heilgen Glaubensruf: Christos a inviât!

O Morgenlicht am Predeal zu der Karpaten Fuß,
O Schlaflied aus der Walachei und weißer Sterne Gruß!
Von allem Land auf weiter Fahrt, das irgend mir geschah,
Kein zweites war mir lebenssüß wie du, Romania!

IN DEN VOGESEN

Das Blut ist Erde und das Fleisch ist Staub.
Ein Koppelschloß vielleicht nur überdauert
Tief hier im Leib des Berges.
                                        Und wir gehen
Achtsam umher und schweigend. Doch die Toten
Sind nicht bei uns.
                              Nur daß
Im Weiterfahren uns das dunkle Land
Ein wenig dunkler dünkt –
                                        und auf den kahlen
Bergkuppen Platz wird für die Geisterschrift
Die lautet allfort: HARTMANNSWEILERKOPF.

Nicht, daß sie uns den Mut erschlägt, die Freude
Zerstückelt – und das Leben
So rücklings beugt und so ins Netz beengt,
Daß wir verstummen, wie der Gram verstummt.
Nur daß, da wir – der Kindheit eingedenk,
Der Liebeszeiten dann, des Früherschreckens,
Der schönen Setzung »Einst« und »Von-nun-an« –
Geschiehts, daß jäh in unser aller Wort
Eindringt (wie Salz in mattgewürzte Speise)
Ein wenig Tod von jenem vielen Tod:
»Kurz Leben«, »Flüchtig Glück« und »Nah – – was nah?«

Dann aber, da ein neuerwachter Sinn
Uns Schritt um Schritt dem Erdgestein vermählt:
»Noch hier, noch hier!«
                                            –: wir tauschen Blick und Gruß,
Nichts hält uns auf, vertrautes Dach zu suchen
Und dieses »Heut zu Gast«: Brot, Fisch und Wein.

Zuletzt – wir lauschen in der Fensterbrüstung –
Viel Finsternis. Kein Atem ringsumher.
Vogesennacht.
                              Wie totenstille sind
Die starr und niedrig hier, Wacholderbüsche –

DIE ZEITEN IN ARENENBERG

Nur der Schlag noch der Uhr und der Dufthauch
der Blumen
Sagen: »dies ist«. Doch es spricht Tausendgewebe:
»dies war«.
Trifft uns des Prinzen Geschick und ein Blatt, von
Hortense beschrieben,
Sagen wir: »still steht die Zeit«, sagen wir kühn:
»es wird sein«.
Denn in uns, in den späten Beschauern noch, dauern
Beide: Freude und Dank – hier, als im silbernen Licht.

IM BEGINENHOF

Laß mich nur erst durch die Pforte,
Und ich will den Weg schon finden,
Diesen Weg im halben Lichte
Unter streng gestutzten Bäumen
Im Beginenhof zu Brügge
Wiesenein.
                    Und eingedenk,

Daß ich hier vor vielen Jahren,
Vielen Leben schon gewesen,
Mit Franziskus und Clarissa,
Mit der Mutter, mit dem Mädchen –

Rings im Gras der Frühlingsfrühe
Stehn die weißen Sternnarzissen,
Büschelweise. Ihrer sieben,
Ihrer dreißig hier und hundert.
Milde, grüne Seligkeit.

Geh' ich jetzt, so komm' ich wieder,
Wenn die Glocke Vesper läutet –
Drei Uhr, heil'ge Todesstunde –
Und die Schatten fallen ein.

Und ich wage nicht zu atmen,
Und ich denke: dieses will ich –
Gib mir Gnade, Gott! – am Ende,
Ganz am Ende dies noch sehen,
Wenn ich nichts sonst mehr erkenne.

VERLORENER HEIMAT EINGEDENK – KÖNIGSBERG

Dürft ich träumen, wie ich wollte,
Träumt ich mich an deine Seite,
Und wir gingen aus, selbander
Deine Kinderheimat suchen.

Und wir fänden, was wir suchten:
Weites Land und hohen Himmel,
Wolken, groß wie Fabeltiere,
Samland, eine einz'ge Wolke.

Fänden gleich den halbverwunschnen
See, geliebte Sommerzuflucht.
Nur die Erlenstämme nennen
Zwanzig neue Jahresringe.

Und den Märchenbaum Wacholder –
Und in welches Märchen gehn wir? –
Und im Mittagslicht, von weißen
Birken eingesäumt, das Rasthaus.

Wirklich: eine offne Kutsche,
Wirklich: Pferde aus Trakehnen,
Doch der Schwager – wenns nur gut geht! –
Labt am Bärenfang sich reichlich.

Wald nun endlich, ohne Ende,
Und wir fahren durch die Wälder.
Still – sie bleiben stehn – sie fürchten
Nichts von uns, die scheuen Rehe.

Ferne nur, ach unerreichbar
Fern die Stadt und ihre Türme,
Und wir denken Schloß und Domplatz
Und die Herrn- und Königsnamen:

Simon Dach ist: Lied der Freundschaft,
Herder heißt ein klarer Morgen,
Schattenspiel im Vorhang: Hamann,
Offnes Weltenfenster: Kant.

Dies ist immer. Immer währen
Die Gedanken, die Gebräuche –
Und wir singen, wie wir sangen:
»Zogen einst fünf wilde Schwäne –«

»Kutscher, bis zur nächsten Biegung,
Daß wir noch ins Offne schauen,
Daß wir noch – der Wind ist günstig –
Atem holen von der See her.

Horch und schau: die freien Vögel
Kennen meine Stadt und kennen – –«
Doch dein nächstes Wort schon decken
Wind und schweres Kranichrauschen.

Ausgestiegen. Ausgeträumt nicht.
Letztes Licht umgrenzt den Himmel,
Und wir schweigen in das große
Schweigen des verlaßnen Landes.

ABENDS IM TESSIN

War es gestern – und wann war es?
Dies der Weg zum Tisch aus Stein.
Abend im Albergo Ronco,
Weißes Brot und dunkler Wein.

Du die Flöte, ich die Stimme.
Stimme schweigt und Flöte ruht.
Ich die Trauer, du die Tränen –
Schlaf ist über beiden gut.

Wiederkehr und Wiederfinden
O das ferne Ichunddu!
Heimweh sagt: ein Tag währt ewig,
Liebe weiß: ein Jahr – ein Nu.

Hier, da wir des Weges kamen
Bang-erglühten Angesichts,
Was geschah seit jener Stunde
Goldengroßen letzten Lichts?

Nichts, als daß ein Mandelbäumchen
Ein- und zweimal Blüten trug –
Wandellos bleibt Liebesantlitz,
Flötenholz und Tränenkrug.

DIE TAUBENSPRACHE

(auf die Rückseite jenes Blatts geschrieben,
das den heiligen Franz, den Vögeln predigend,
darstellt – von Giotto gemalt –)

Er sagte »dolce«, und sie schwiegen still,
»Cielo« – und die Tauben flogen auf,
Dem Himmel zu, von dem sie hergekommen.
In seiner Kutte, schau, ist Platz genug,
Ein Krankes zu verbergen und zu wärmen –

Wie aber wir? Die Bäume blühn wie einst.
Nicht ungelehrig heißen wir. Doch wer
Schickt zollfrei uns in unser Babylon
Das Wörterbuch für Taub' und Täuberich?

»Zollfrei« kommt nichts ins Haus. Es gilt – jenun –
Das alte Wagnis: prüfen und vergleichen,
Ausstreichen, horchen, wieder neu beginnen.
Geduld, Geduld – und – wie? – ein wenig Glück.
A, B und C. Die Wörter. Die Grammatik.
Wir werden tun, wie einst in Oberklassen,
Wo eins des andern Schulheft korrigierte.
Zuweilen streift der Lehrer eine Schulter –

FRESKENMALER IN CORI

Erzähls noch einmal! Es ist lang erzählt:
Daß Er die Sterne schuf und die Oliven,
Und Eva aus des Mannes Rippe nahm,
Daß einer träumt von Ähren, die sich neigen,
Und einer Israel durchs Wasser führt,
Daß er gen Endor ging, der finstre König,
Und daß der Rabe Gottes Boten speist.

Und dieses: daß – nach dieser Zeiten Lauf –
Der Eine dann, Erfüllung kam, der Sohn,
Der dem am Schlagbaum winkt, und reisemüd
Mit einer Frau am Jakobsbrunnen spricht,
Brotbrechend denn zuletzt den Abschied nimmt
Und seinen Kreuzweg geht.
Geschrieben stehts.

Die Bücher sind, helf Gott, beim Monsignore
In stetigem Gewahrsam, sind Latein,
Und die in Cori wissens nicht zu lesen.
Du freilich, du, pittore, lasest lang –
Und weißt zu deuten auch: so deute denn!

Erzähls noch einmal: nimm das helle Grün,
Das Rot, das die Campagna-Sonne dir
Noch am Novembertag ins Weinlaub malt.
Die Ocker sind vertraut: es sind die Farben
Der Hauswand hier. Ein wenig nimm auch Blau –
Der große Giotto, fern in Padua,
Verargt dirs nicht. Und würds ihm fehlen – nun:
Antonius hilft, so sagt man, seinen Suchern.

Und daß noch einer kommt – und dieses Deine
In der Sistina von Sankt Peter sagt,
In Vollmacht sagt – heißt Michelangelo –
– Gottvater selbst rührt ihm den Finger an
Und die Sibyllen raunen ihm die Worte,
Jesajas Ruf und Jeremias Klage –
Das, nein, ficht dich nicht an.
                                        Du hast erzählt.
Und die in Cori, lesens-unkund, lesen
In hundert Sonntagsfrühen Text um Text
In den Quadraten deiner Kirchendecke.

Hochwürden – wie? – höchst kanzelhoch erhoben,
Erhebt die Stimme: gilts die Ketzerei?
Gilts Zorn und Strafe? Oder gilts
Den heilgen Eifer nur: »o Wahrheit, Wahrheit!«

Dies: wie auch immer –
Die in Cori bleiben,
Gereckten Halses, treu und schauenslustig,
Ausharrend bis zum »Ite, missa est!«

Du hast erzählt, pittore, nicht vergeblich:
Spät abends, wenn sie – an des Vaters Statt schon –
Die Kirchtür schließen, die Sigristenkinder,
Dann denkt Francesco: ob er wohl dereinst
Dem Daniel gleich vor einem Herrscher rede –
Und Silvia: ob da wohl Platz noch wäre
Auf jenem Reittier, an Marias Seite?

ROM, AM TREVIBRUNNEN

Werf ich noch einmal meine kleine Münze
Halb Glaub', halb Aberglaube ins Oval?
Romfahrer tun's. Man sagt, es sei die Bürgschaft
Für Wieder-wiederkehr. Wie? Kehr ich wieder?

Ein Fast-noch-Kind war ich beim ersten Kommen
Und da war Rom – und Zeit und Zeit und Zeit.
Jahrtausendquader, Felswand der Geschichte:
Etruskerschwert und Neros finstre Hausung,
Goldschrift in San Clemente, Adams Blick,
Der Morgenhauch um Iphigeniens Rede,
Schwarzhemden, starr postiert am Kapitol.

Dann kam ein Schweifender, ein Liebesträumer,
Dann einer, der – kaum, daß ich ihn noch kenne –
Wie weißes Brot ein wenig Ruhm verzehrt.

Ich ging, ich kam, ging wieder, kam zurück;
Nun ist's der Tochtersohn, der mich begleitet.
Der würde, würf ich jetzt, mir lachend keck
Vom Brunnengrund die Münze wiederbringen.

Die Münze – wie? Bewahr ich sie, vorsorglich
Für einen, der, zu unbekannter Stunde
Ein Boot im Schuppen löst, die Ruder einlegt,
Und sich anschickt zur Fahrt, die seines Amts ist.

Die Münze, ja. Wenn ich sie gebe, werd ich
Lässig »per Lei, Signore« sagen? Oder
Sag ich, erkennend jäh, mein Stichwort, sag
»Dein Fährgeld, Charon?«
                                        Charon, fahr mich gut –

OLÉVANO, BLICK AUF LATIUM

Nun endlich, ganz zuletzt, auch dies begreifen:
Daß es ein Ganzes ist, dies: da zu sein.
Vorbei die Angst des Werks, die Lebensgeißel,
– Sag: Schreibtisch, Satzbau, Gleichnis und Gedicht,
Geschichte, Szene – sag: ich will, ich muß –
Nur noch: ich bin. Ich bin wie dieses Land,
Ein endlich Ding, doch voll Unendlichkeit.
Dein Teil bin ich, du Latium der Liebe,
Dein ander Ich, du Oleanderbaum.
Dies Mittagslicht: in mir gehts auf und unter,
In mir wird Abend, groß und schattenblau.
Dann kommt die Nacht. Ich bin noch, der ich bin:
Der Mann aus Deutschland, dunkel, denkensschwer,
Nun aber Kreatur und heimgekehrt,
Und die Zypresse wird mich Bruder nennen.

SÜDLICHER GARTEN

Hier unser ältestes Teil, das erste dem Sinn und der Seele,
Meer und Meeresgetön, sieh – und ein Ufer im Licht.
Mauern – wer je sie ersann? Fruchtbäume, wer weiß, wer
sie pflanzte?
Steinpfad, wohin? Bergauf in des Alkinoos Haus.
Himmeloffen der Tonkrug. Berühr' ihn, es birgt seine
Höhle
Süß der Jahrtausende Heut, bitter das Meersalz Vorbei.
Nimmer vorbei: Nausikaas Ball, ich fand ihn im Felsspalt –
Ists der nämliche nicht, ists der Gespielinnen Spiel.
Nirgends Beginn und Ende. Schlingrosen aus jeglichem
Jahre,
Efeu: Totengerank in der umdunkelten Schlucht.
Schweigt der göttliche Sänger? Er schweige –
mit schweigendem Mund noch
Preist ein Glückseliger hier Gestern und Immer und Heut.

DIE ALTE STADT

Was ein Jahrtausend sei? Laß michs bedenken
Im Anblick der jahrtausendalten Stadt.
Schau her, wie freudig sie Gewißheit hat:
Urkunden aus den dunklen Rathausschränken

Die führen klar zu Kaiser Ottos Tagen.
Er selbst, so sagt die Chronik, war hier Gast –
Doch wäre selbst das Pergament verblaßt,
Zeugnis genug vermöchte wahrzusagen.

Hier deutete des Ratsherrn Talerkette,
Wie Silber schwer und Würde schwerer wiegt,
Und drüben, wo die Schwörhausgasse biegt,
Siehst du des Femgerichts verwünschte Stätte.

Sie mochten, scheint es, nah beisammen bleiben
Und haben mit dem Bauplatz sehr gekargt,
Nur in dem alten Wirtshaus, nah am Markt,
Dehnen sich breithin Tor und Fensterscheiben.

Dort schenken sie noch heut den dreimalherben,
Den eignen Wein in grünen Gläsern aus,
Auch füllt die gleiche Fracht jedwedes Haus:
Liebschaft und Eifersucht, Kindtauf und Sterben.

Groß ist der Höllische, der Fürst der Geister,
Doch größer ist Sankt Michaels Gewalt.
Sie feiern seinen Sieg in Domgestalt,
Irdische Meister vor dem ewgen Meister.

Groß sind die Glocken, die das Land durchrufen,
Das dieser Stadt wie einer Mutter traut,
Und sieghaft steigt, die sich ihr Stolz erbaut,
Domwärts die Treppe mit den vierzig Stufen.

Ihr Christus aber ist der Dorngekrönte,
Der Mann am Kreuz. Sie wissen wohl warum.
Und da ist ihrer keiner, der nicht stumm
Kniete vor dem, der ihn mit Gott versöhnte.

JAKOBIZEIT

Ein Feldweg vor dem Dorf. Jakobizeit.
Der alte Kantor geht mit seiner Frau
Still, schwarz in schwarz. Vielleicht sagt er jetzt: Schau,
Bis übermorgen ist das Korn bereit.

Dann ist es wieder leis. Sogar der Wind,
Der sonst doch stürmisch über Wolken thront
Und hundertalte Bäume wenig schont –
Um diese Stunde ist er leicht und lind

Und geht behutsam mit den beiden mit.
Die sind jetzt wieder Bräutigam und Braut
Und wagen wie vor Liebe keinen Laut
Und wissen doch wohin mit ihrem Schritt
Und hören schon der letzten Sense Schnitt.

DER TOTE BAUER

Tut denn, ihr Träger,
Wie je ihr getan,
Seht, kein Verkläger
Hält euch an,
Seht, kein Weinender
Wehrt dem Gebot,
Und kein Verneinender
Zürnt diesem Tod.

Neunzigmal fühlen,
Wie Frühling tut,
Eh man auf kühlen
Kissen ruht,
Eh die Beschwerde, die
Letzte begann,
Nahm dich die Erde, die
Mächtige, an:

Nahm dich, zu dienen
Dem Brot und dem Wein,
Kühnlich mit ihnen
Ein König zu sein,
Und es begegnen sich
Schatten und Strahl,
Sieh, und sie segnen dich
Beide zumal.

Schreiner, die Bretter
Wähltest du breit?
Bauernleib, wetter-
Und hagelgeweiht,
Wuchs, gleich dem einsamen
Eichbaum, im Bund
Mit dem gemeinsamen
Muttergrund.

Wuchs: und die Helle
Drang ins Gesicht,
Starb: Tod ist Schwelle
Ins hellere Licht –
Was eh in Hüllen war,
Hat sich enthüllt,
Was zu erfüllen war,
Ist erfüllt.

Singet vom Danken,
Knaben im Chor,
Mauern versanken,
Hochragt das Tor:
Irdischer Streiter,
Todmüd zuletzt,
Bruder, befreiter,
Was siehest du jetzt?

DIE SEELE NUR

Ob unsre Toten, die wir eh und gestern
Dem Unausdenklichen anheimgegeben,
Ob irgend Kunde sie von uns empfangen,
Ob Antwort niederdringt zu unsrem Leben?

Zur Gleichnisrede lädt die Schöpfung ein
Im Sterngeleuchte und im Wolkenwiegen,
Ich sehe Mückentanz und Immergrün
Und weiße Falter, die ein Grab umfliegen,

Das Flücht'ge denn, die Wandlung und die Dauer,
Zugleich den Riegel und zugleich die Pforte,
Die Pforte – und wohin? Geschrieben steht:
Im Spiegel sehn wir und *im dunklen Worte.*

Wir wissen nichts – ob sie uns wissen, ob
Als die Befreiten sie den Tag uns segnen?
Die Seele nur – sie möchte ihnen heut schon
In einer andren Herrlichkeit begegnen.

GRABSCHRIFT

»Mein bist du«
Spricht der Tod
Und will groß Meister sein.
Umsonst –
Mir hat mein Herr
Versprochen: Du bist mein.

GLOCKENSEGEN

Komm in diesem Glockensegen,
Herr, uns allen du entgegen,
Daß wir gehn in deiner Gnad,
Eh der finstre Abend naht.

Tu dein Licht zu unsren Händen,
Daß wir treu das Werk vollenden,
Bis du, der du ewig wachst,
Bei uns allen Abend machst.

LAUTESPIELENDER ENGEL

Stimme des Engels:

Sprich mich nicht an! Ich kann dir nichts erwidern.
Ich höre nur der Laute Lobgesang.
Ich hab ein Amt, begreif: den heilgen Liedern
Zu dienen, Klang bei Klang.

Doch fürchte nichts! Denn über allen Worten
Und allem, was geschieht und je geschah,
Klingt dieser Ton und tönt an allen Orten.
Wags und stimm ein, und du bist ganz mir nah.

DIE STIMMEN DER ANBETUNG

Wir suchen dich nicht.
Wir finden dich nicht.
Du suchst und Du findest uns,
Ewiges Licht.

Wir lieben Dich wenig,
Wir dienen Dir schlecht,
Du liebst und Du dienst uns,
Ewiger Knecht.

Wir eifern im Unsern
Am selbstischen Ort,
Du mußt um uns eifern,
Ewiges Wort.

Wir können Dich, Kind
In der Krippe, nicht fassen.
Wir können die Botschaft nur
Wahr sein lassen.

DAVIDS TRAUM

Wohin, die mich trug und erhellte,
Welle des Lebens, wohin?
Erblinden die Spiegelsteine ringsum
Oder schwindet mir selbst schon der Sinn?
Ob ich die Gesellin mir wecke,
Die Magd aus schlaftrunkenem Wahn?
Schlaf, Abisag – o, daß du wachtest,
Mein Bruder Jonathan!

Lang, lange. Wie, daß sie mich riefen,
Den Jüngsten, den Knaben vom Feld?
Und ein Königsschild hieß mir das Leben,
Eine Harfe – die Welt.
Dann freilich, dann war es ein Anderer,
Der mir zu Hilfe kam,
Und der vor dem Speerwurf des Königs Saul
Gelind mich zur Seite nahm.

Ich war der Gesalbte in Israel,
Der Heilige – war ich nicht.
Meine Jahre Leben, ich schaue sie an,
Und ich sehe ein dunkles Licht.
Ach, und das Feuer, das Feuer,
Das ich fachte, das mir geschah –
Name, weißgleißendes Holzscheit:
Uria und Bathseba.

Vorbei. Vorbei auch der Feldschlacht
Jubel und Ruhm und Pein.
Gedenk' ich der Höhen Gilboas,
Gedenk ich, Jonathan, dein.
Die rote Blüte der Aloe,
Fühlt sie den Morgenwind schon?
Bald, durch den Vorhang der Frühe, bald
Tritt ein mein Erbe, mein Sohn.

Vorüber. Aber die Sterne
Am immerwährenden Ort.
Aus den Sternen kommt Sternengeraune,
Aus dem Geraune das Wort
Verheißung, Isais Lenden,
Meinem, dem Königsstamm –
Ich träume: ein Blachfeld im Dunkeln
Und ein Hirt und ein Licht und ein Lamm.

NICHT STÜRZT

Kantate nach einem Gebet des Augustinus

> *Revertamur iam, domine,*
> *ut non evertamur*
> *Bekenntnisse, 4. Buch*

Im Schatten deiner Flügel, Herr,
Im Schatten deiner Flügel
Verbirg uns, unser Herr.

Der uns in Frühen trug,
Der uns im Mittag trägt,
Wie wirst du tragen uns
In Abend und in Nacht.

Denn du bist unsre Kraft,
Und ist sie unsre Kraft,
So ist sie: Kraft.

Von dir ist unser Leben.
Vom Leben kehren wir uns ab,
So wir abkehrn von dir.

Umkehr vergönn uns, Herr,
Daß hinfort nimmer wir
Verkehrt in Werk und Wesen.
Daß wir sei'n sonder Mangel
In dir, der Güter Gut.

Nicht fürcht ich, fürder sei
Nicht Weg in allen Wegen
Und Heimweg nicht.

Fall ich, nicht fällt dein Haus.
Nicht stürzt, darin wir wohnen,
Haus du ob aller Hausung,
Nicht deine Ewigkeit.

LICHTSCHATTEN DU

Im halben Licht des Nachmittages
Flußaufwärts rudernd und allein –
Du Spiegelglanz der Silberweide,
Ihr vielvertrauten Häuserreihn,

Mein Fenster dort, Torhof und Leben,
Sturmweg der Nächte, Jahr um Jahr.
Sind zwei im Boot: der, der ich wurde,
Und jener Andre, der ich war?

Wie, wenn ich jetzt die Ruder schweige?
Lautlos schier treibt es mich zurück.
O grüner Strom versunk'ner Jahre,
Lichtschatten du und Wolkenglück,

Und du, aus Wassers Tiefe steigend,
Du groß Erinnerungsgewalt –
Nein. Heute. Hier. Ich seh' des Daseins
Unwiderrufliche Gestalt,

Die Stunde seh' ich, wie sie Träume
Wegweht und wie sie Wünsche stillt,
Seh' das Erreicht', das Unerreichte,
Und, fern von fern: das letzte Bild.

IM PARK

Wie hundertalt und groß
Der Bäume Stehn und Schweigen –
Als wie von Ewigkeit
Licht in verschlungnen Zweigen.
Und wer bin ich – wer du?
Ein Mensch im Weitergehen,
Dem wolkenweiß und -leicht
So Zeit wie Tag vergehen.

Und doch: der Herzschlag zählt,
Der Einst zum Nun begleitet
Und selbst verborgnem Dann
Die Lebensspur bereitet –
Und doch: es zählt die Kraft,
Die Glück als Glück empfindet,
Wir sind nicht alt, solang
Uns keine Stunde schwindet.

CHRONIK

Geschrieben steht auf einem von den Blättern,
Den arg vergilbten, mit Gelehrtenschrift,
Was Andres Arnold, Roßhirt hier, betrifft,
In längst veralteten, längst blassen Lettern:

Geboren siebzehnhundertvierzig. Dann geworben
Um Magdalene Kümmerle. Getraut.
Am Haus des Lebens schlecht und recht gebaut.
Elf Kinder. Früh verwitwet. Spät gestorben.

Dies ist das Leben irgendeines Mannes,
Und keiner sieht mehr dieses Lebens Spur,
Und unsre späten Augen finden nur
Im Kinderreihen dreimal stehn: Johannes.

Dreimal die Zeugungsnacht. Und dreimal schwanger.
Dreimal gebären. Dreimal erster Schrei.
Dreimal ein Kampf, wer hier der Stärkre sei:
Gott oder Roßhirt. Dreimal Totenanger.

Dreimal ein Kindergrab. Mit weißen Steinen
Schön eingefaßt. Und Blumen. Und man kann
Sie sonntags sehen. Einen großen Mann,
Sein Weib daneben. Still, ganz ohne Weinen.

Und dreimal hier im Buch den gleichen Namen:
Johannes Arnold. Und das Kreuz besagt:
In Christi Namen schlafe, bis es tagt.
Du warst, Herr, und du bleibst der Sieger. Amen.

DER DORFPFARRER

Geh ich, Gottes große Kunde
In den Händen und im Herzen,
Seh ich in der Dörfer Runde
Heil und Segen, Angst und Schmerzen,
Geh durch Wind und Rauch und Dämpfe,
Durch Geweine und Gelächter,
Sehe grauenvoll die Kämpfe,
Still den Frieden der Geschlechter.
Mütter an des Tisches Mitte
Brot verteilen, Frucht vom Garten,
Manche furchtsam auf die Schritte
Eines späten Trunknen warten.
Ahnen, freudig fern zu träumen,
Oder ihren Enkelmädchen
Abends sorglich aufzuräumen
Schiefertafel, Ball und Rädchen –
Herren heiß vom Felde kehren,
Hungrig, durstig, müd und lachend,
Einen randvoll gelben schweren
Krug in Händen, Scherze machend,
Sehe Auszug, Fahrt und Heimkehr,
Männer, Fraun aus diesen Häusern,
Sehe sie in Stadt und Steinmeer
Immer mehr sich selbst entäußern.
Sehe in des Volks Gewimmel,

Die sich lieben, die sich hassen,
Über allen *einen* Himmel
Sich verdunkeln und erblassen
Dies Erblühte, dies Verdorrte
Streift von fern nur meine Hände,
Doch der Botschaft ewge Worte
Wissen Anfang, Mitt und Ende.

STUTTGART

Werkzeug zuerst – und immer dieser alte
Sag: Grüblergeist, sag: Tüftlersinn und -mut.
Sag jenen Fleiß, den früh die Armut weckte,
Und jene Klugheit, die den Sieg bewacht.
Das »Bosch forever«, »Daimler hic et nunc«.
Groß Macht und Glanz. Und Glanz und groß Gefahr.

Den Dichter ruf' vom Bopserwald her, ruf'
Den Stiftskopf, der den Weltgeist reiten sieht;
Dann einen stillen Mann: »Denk es, o Seele!«

Und du, Urenkel schon und wieder Ahnherr.
Einwohner dieser Stadt und Zeitgenosse,
Den Türmen rings, den Staffeln lang vertraut.
Besuch' am Rathausplatz den Wochenmarkt:
Die Filder schicken Spitzkraut, schicken Früchte,
Drei Stockwerk hoch regiert ein Magistrat,
Der zanken, doch auch lächelnd denken kann.
Der Hausherr selbst ist unverwechselbar
Präsent im Duktus seiner Unterschrift.
Ein Herr durchaus. Die Stadt hat einen Herrn.
Weiß oder Rot? O höchst willkommene Fehde:
Kriegsberg ist angesagt und Götzenberg,
Hofkammerabzug aus des Herzogs Kelter:
Sie suchen und sie finden und geleiten

Noch ihre Dichter, ihre Possenreißer
In Kachelofens Abendeinigkeit.

Der Sprachgeist, rauh, doch zärtlich zu den Seinen,
Weiß viele »le«, »s'ka sei'« und weiß: »so ischs«.
– andante, denk ich, läßlich, mezzoforte –
Der bleibt uns treu zu Weg und Weiterweg,
Und allewege hiegutwürttemberg.

Zuletzt denn dies: Trabrößlein im Signet nur.
Die Gestern in Vitrinen wohl verwahrt.
Fühl zwei dir nah, dir beide zuerkannt:
Zum Lebenstag im Schloßpark die Kastanien.
Die prächtigen, die blütenüberreichen,
Und zum Valet: Zypressen auf der Prag.

Wenn dies das Altern ist: so weit, so frei sein,
So immer noch in Ja und Nein dabei sein,
So herzlich lachen, so getröstet schweigen,
So sich zum Großen, so zum Kleinen neigen,
So nah dem Zeiten-Ton, den Ewig-Psaltern –

Wenn dies das Altern ist: komm, laß uns altern.

NEHMEN, GEBEN

Nehmen. Geben. Wer zu rechnen liebt,
Der wird nie auf seine Rechnung kommen.
Leben lehrt: wer einen Finger gibt,
Dem wird gleich die ganze Hand genommen.

Gabst du? Wohl, du gabst. Nun warte nicht,
Daß die Jahre dir die Schuld begleichen.
Wags, ob auch die Klugheit widerspricht,
Soll und Haben kühnlich auszustreichen.

Dieses nur. Dann leg den Stift beiseit,
Armut wird dich unversehns versöhnen,
Ja, sie selbst, die karge Endlichkeit,
Will dich ans Unendliche gewöhnen.

– FECISTI NOS AD TE

Augustinus, ›Confessiones‹

Im Haus des Willkomms und der flüchtgen Dauer,
Im Haus des Abschieds, steht es rein und groß,
Wie einst auf Vaters Schreibtisch, Augustinus –
Mein erstes Wort Latein: »fecisti nos.«

Durch achtzig Jahre hin bin ich gelaufen,
Und lief durch beide, lief durch Wohl und Weh,
Nun les ich neu, was Kinderaugen lasen,
Und, anders wissend nun, dies: »Nos ad Te.«

DER ZWIESPALT

Es ist immer das Sinnen
Über dem menschlichen Werk –
Immer das Strömen innen,
Aber vor Augen der Berg.

Es ist immer die Türe
In den anderen Raum,
Daß ich kindlich erführe
Schlaf und Lächeln und Traum.

Immer im Ungewissen,
Wer sich als Sieger erweist:
Leben, dem Geiste entrissen,
Oder der ordnende Geist?

Leben, wie Tierschrei und Blume,
Leben, gebärende Not,
Leben, du ärmliche Krume
Doch von leibhaftigem Brot?

Oder die Einfahrt in Schächte,
Da kein Bergmann noch fuhr,
Und die Nächte, der Nächte
Stundenschlag durch die Klausur?

Es ist immer die Zweiheit:
Herz, vom Geiste geliebt,
Das sich doch selig der Freiheit
Farbigem Windstoß ergibt.

Aber am Ende, am Ende,
Herze, wes wirst du sein?
Einige, ewige Hände,
Euer allein.

DEM BRUDER

Wir sinds zuletzt, das andre geht vorbei:
Das Ruhmgetön, die Lust, der Wirrwarr Welt,
Die Frauen auch und unsrer Kinder Los.
Dann ists wie dort im Garten, nah beim Turm:
Wir beide stürmen als wie um die Wette
Durchs regennasse Gras.
Nein, keiner stürmt –
Nur dies: daß wirs noch sind.
Die Letzten sind wir und den Ersten gleich.

IHR BILD

Wir sind die Letzten, Bruder, du und ich.
Wir kannten sie ein wenig, beide. Du
Ein wenig besser noch als ich. Ihr Bild.
Die Mutterfrau noch nicht. Nur Fräulein P.
Man sagte damals Fräulein.
Lesbar vier Ziffern und das Atelier:
Potsdamer Straße. Auf Fontanes Weg.
Ob sie ihn wohl gesehen hat – ob sie –
den Herrn von Briest und Dubslav von Stechlin …
Ein Gruß. Vielleicht ein Mädchenknicks – nur so.

Du gingst so früh. Bald holen wir dich ein.

ALPHABETISCHES VERZEICHNIS DER GEDICHTTITEL

ALPHABETISCHES VERZEICHNIS DER GEDICHTANFÄNGE

BIBLIOGRAPHIE

Das lyrische Werk von Albrecht Goes

Verse, Selbstverlag 1932

Der Hirt, Verlag Christian Kaiser 1934

Heimat ist gut. Zehn Gedichte, Verlag der Blätter für deutsche Dichtung 1935

Der Nachbar. Gedichte, S. Fischer Verlag 1940

Die Herberge. Gedichte, Suhrkamp Verlag 1947

Gedichte 1930–1950, S. Fischer Verlag 1950

Aber im Winde das Wort. Prosa und Verse aus zwanzig Jahren, S. Fischer Verlag 1963

Tagwerk. Prosa und Verse, S. Fischer Verlag 1976

Lichtschatten du. Gedichte aus fünfzig Jahren, S. Fischer Verlag 1978

Albrecht Goes

Das Brandopfer

Erzählung

Band 1524

Eine Erzählung aus der Zeit der systematischen Verfolgung und Ausmerzung der Juden im Dritten Reich. Ort der Handlung: eine Metzgerei, von der zuständigen Parteidienststelle dazu ausersehen, einmal in der Woche, am Freitagabend (dem Vorabend des Sabbat), Fleisch und Wurst an die Juden der ganzen Stadt auszugeben – gemäß den doppelt reduzierten Rationen auf den besonders gekennzeichneten jüdischen Lebensmittelkarten. Es handelt sich also um jene Frist erzwungener und aufs äußerste eingeengter Getto-Existenz, die der Ausrottung vorausging. Das unbestechliche Zeugnis der Metzgerfrau schafft in der dichterischen Prosa gleichsam einen fesselnden Originalbericht von dokumentarischem Wert. Die Metzgerin ist in all ihrer Furcht und Schwäche ein barmherziger Mensch. Und da sie nichts Wirksames zu tun vermag gegen das letzte Unheil, schickt sie sich in einer Bombennacht zur stellvertretenden Selbstopferung an, zum *Brandopfer*. Durch sonderbare Umstände wird sie von einem Juden gerettet – weil ihm der Eingang in den Luftschutzbunker verwehrt worden war.

Fischer Taschenbuch Verlag

fi 3008 / 1

Albrecht Goes

Mit Mörike und Mozart

Studien aus fünfzig Jahren

Band 10835

Albrecht Goes legt mit dieser Sammlung von Essays und Betrachtungen ein künstlerisches Bekenntnis ab, und zugleich ist sie ein Stück Autobiographie. Mit Mozart hat er bereits als Achtjähriger in der Steglitzer Musikschule Bekanntschaft gemacht; schon als Kind von dieser Musik berührt, hat sich Goes immer wieder mit Mozart beschäftigt. Anders die Begegnung mit Mörike: Goes kannte wohl einige Mörike-Gedichte, aber erst der Auftrag, eine Monographie über den Dichter zu schreiben, brachte ihm Mörike näher oder wie Goes in seiner Einleitung sagt: »Mörike oder die Liebe auf den sechsten Blick«, aber von diesem Moment an sollte er Mörike treu bleiben. Die Texte, entstanden in einem Zeitraum von fünfzig Jahren, zeugen von der Liebe und Verehrung, die Goes diesen Künstlerpersönlichkeiten entgegenbringt, ohne sie zu verklären. Selbst mit künstlerischem Schaffen vertraut, geben sie einen Einblick in die Persönlichkeit und nähern sich dem Werk auf unterschiedlichen Wegen, ohne den Blick für das Wesentliche zu verlieren.

Fischer Taschenbuch Verlag

fi 1023 / 4

Ilse Aichinger
Werke

Herausgegeben von
Richard Reichensperger

Acht Bände in Kassette
Die Kassette wird nur
geschlossen abgegeben
Als Einzelbände lieferbar

Die größere Hoffnung
Roman. Band 11041

»Wer ist fremder, ihr oder ich? Der haßt, ist fremder als der gehaßt wird, und die Fremdesten sind, die sich am meisten zuhause fühlen.«

Der Gefesselte
Erzählungen 1
1948–1952
Band 11042

Am Beginn der Wiederaufbau-Ära sprechen Ilse Aichingers frühe Erzählungen von Erstarrung und Verdrängung, »erlösungssüchtig und untröstlich, kritisch und gelassen.« *Joachim Kaiser*

Eliza Eliza
Erzählungen 2
1958–1968
Band 11043

»Tatsache ist, daß Ilse Aichinger mit den herkömmlichen Praktiken des Schreibens endgültig gebrochen hat. Sie verläßt sich nicht mehr auf Visionen, sie besteht auf reiner bodenloser Anarchie.«
Heinz Piontek

Schlechte Wörter
Band 11044

»Eine Prosa der Zweifel, der Fragen, der Suche. Diese Prosa hebt alles aus den Angeln, was sie anspricht und meint.« *Jürgen Becker*

fi 2013/2 a

Kleist, Moos, Fasane
Prosa. Band 11045

In Erinnerungen an die Zeit des Nationalsozialismus, in Aufzeichnungen und Reden vollzieht sich eine poetische Rebellion gegen die Gewalt der Geschichte.
»Wenn es zur Zeit der Sintflut geschneit und nicht geregnet hätte, hätte Noah seine selbstsüchtige Arche nichts geholfen.«

Auckland
Hörspiele. Band 11046

Dieser Band versammelt erstmals sämtliche Hörspiele Ilse Aichingers, vom sozialkritischen Stück »Knöpfe« (1953) bis zum Sprachgewebe »Gare maritime« (1976), das die Autorin mit Jutta Lampe und Otto Sander inszenierte.

Zu keiner Stunde
Szenen und Dialoge
Band 11047

Dialoge und Szenen, die in mikroskopisch präziser Dialogtechnik Orte und Charaktere lebendig machen, »ein zierliches Meisterwerk, das Fülle und Geheimnis des Lebens enthält.«
Günter Blöcker

Verschenkter Rat
Gedichte. Band 11048

»Gedichte, in denen Kritik an dieser Welt geübt wird, die darum, weil sie nicht tagespolitisch ist, um nichts weniger radikal ist.«
Erich Fried

Rose Ausländer

Gesamtwerk in Einzelbänden

Herausgegeben von Helmut Braun

Wir ziehen mit den dunklen Flüssen
Gedichte 1927-1947. Band 11151

Denn wo ist Heimat?
Gedichte 1927-1947. Band 11152

The Forbidden Tree
Englische Gedichte
Band 11153

Die Musik ist zerbrochen
Gedichte 1957-1963. Band 11154

Wir pflanzen Zedern
Gedichte 1957-1969. Band 11155

Wir wohnen in Babylon
Gedichte 1970-1976. Band 11156

Gelassen atmet der Tag
Gedichte 1976. Band 11157

Sanduhrschritt
Gedichte 1977-1978. Band 11158

Fischer Taschenbuch Verlag

fi 167 / 22 a

Rose Ausländer

Treffpunkt der Winde
Gedichte 1979. Band 11159

Hinter allen Worten
Gedichte 1980-1981. Band 11160

Die Sonne fällt
Gedichte 1981-1982. Band 11161

Und nenne dich Glück
Gedichte 1982-1985. Band 11162

Brief aus Rosen
Gedichte 1987. Band 11163

Schweigen auf deine Lippen
Späte Gedichte aus dem Nachlaß
Band 11164

Die Nacht hat zahllose Augen
Prosa. Band 11165

Schattenwald
Nachträge. Gesamtregister
Band 11166

Fischer Taschenbuch Verlag

fi 167 / 5 b

Reiner Kunze

auf eigene hoffnung
gedichte. 112 Seiten. Leinen. S. Fischer und Band 5230

eines jeden einziges leben
gedichte. 126 Seiten. Leinen. S. Fischer und Band 12516

gespräch mit der amsel
frühe gedichte. sensible wege. zimmerlautstärke
216 Seiten. Leinen. S. Fischer

sensible wege
und frühe gedichte. Band 13271

Der Löwe Leopold
Fast ein Märchen, fast Geschichten. Band 80161

Am Sonnenhang
Tagebuch eines Jahres
208 Seiten. 12seitiger Bildteil. Leinen. S. Fischer und Band 12918

Das weiße Gedicht
Essays. 190 Seiten. Leinen. S. Fischer

Wo Freiheit ist ...
Gespräche und Interviews 1977 - 1993
240 Seiten. Leinen. S. Fischer

Wohin der Schlaf sich schlafen legt
Gedichte für Kinder
Mit neuen Bildern von Karel Franta. Band 80003

Die wunderbaren Jahre
Prosa. 131 Seiten. Leinen und Band 2074

zimmerlautstärke
gedichte. Band 1934

Fischer Taschenbuch Verlag

fi 150 / 19